你不知道的成都

一个城市的风物志

封面新闻　编

四川文艺出版社

图书在版编目（CIP）数据

你不知道的成都：一个城市的风物志 / 封面新闻编.
— 成都：四川文艺出版社，2020.7
（《宽窄巷》人文书系）
ISBN 978-7-5411-5762-2

Ⅰ．①你… Ⅱ．①封… Ⅲ．①成都－概况
Ⅳ.①K927.11

中国版本图书馆CIP数据核字(2020)第126338号

NI BUZHIDAO DE CHENGDU: YIGE CHENGSHI DE FENGWUZHI

你不知道的成都：一个城市的风物志

封面新闻　编

出 品 人　张庆宁
责任编辑　荆　菁
封面设计　叶　茂
内文设计　史小燕
责任校对　段　敏
责任印制　崔　娜

出版发行　四川文艺出版社（成都市槐树街 2 号）
网　　址　www.scwys.com
电　　话　028-86259287（发行部）　　028-86259303（编辑部）
传　　真　028-86259306

邮购地址　成都市槐树街 2 号四川文艺出版社邮购部　610031
排　　版　四川胜翔数码印务设计有限公司
印　　刷　四川圣雨金辰科技有限公司
成品尺寸　170mm×240mm　　　　开　本　16 开
印　　张　15.75　　　　　　　　　字　数　260 千
版　　次　2020 年 7 月第一版　　　印　次　2020 年 7 月第一次印刷
书　　号　ISBN 978-7-5411-5762-2
定　　价　42.00 元

《宽窄巷》人文书系编撰委员会

主编

陈岚　李鹏

副主编

方堃　赵晓梦

编委

谢梦　杨莉　吴德玉　黄勇

李贵平　仲伟　叶红

丛书编辑

封面新闻

丛书总序

何开四

文化盛宴
宽窄风流
——序《〈宽窄巷〉人文书系》

何开四

　　成都有两个宽窄巷，一个在青羊区，一个在媒体。媒体云何？
《华西都市报》是也。四川日报报业集团旗下的《华西都市报》是
中国都市报系的开山鼻祖。二十多年来，该报一直秉承改革开放的
精神，桴鼓大潮，锐意创新，引领风流。其品牌副刊《宽窄巷》就
是一个经典的案例。大凡报纸都有副刊。一般而言，副刊只是"配
菜"而已，并非主角，而副刊不副，直做到满汉全席的饕餮大宴，
与新闻平分秋色而入云端，则是《华西都市报》的发明。

　　当然，这也有一个发展的过程。20世纪90年代《华西都市报》
创刊时，就辟有以"大众化、通俗化、生活化"为主旨的《老街
坊》的副刊，它虽然延续和拓展了传统副刊的内涵，但依然未脱
出传统的窠臼。随着市场经济向纵深发展，它的式微不可避免，
到2000年后，都市报基本上取消了副刊而衍化为专刊。《华西都市
报》的专刊在最鼎盛时期，一天曾出版过　百五十多个版面。然
而三十年河东，三十年河西，时代的急遽变化令人目眩。21世纪以
来，随着互联网的横空问世、电脑和手机的普及，移动阅读成为时
尚和不可阻挡的潮流，人们的生存方式和思维方式发生了巨大的变
化，获取信息的手段由传统的历时性而变为现代的即时性，跋胡疐

尾，纸媒处于一种尴尬的境地。

信息社会，信息爆炸，信息过载，而新闻的滞后和同质化，已经成为传统报纸的致命伤。如何化危为机，突出重围？这时人们开始重新思考副刊在纸媒中的地位和作用。而在这一点上，华西报人高瞻周览，可谓得风气之先。2014年初，华西都市报社开始深化"大众化高级报纸"办报理念，编委会审时度势重新重磅打造副刊，定位为"办一份有文化品位的副刊"，并取名为《宽窄巷》。2017年新年伊始，《华西都市报》再次改版。本轮改版最为抢眼的是，在报纸版面大幅减少不可逆的背景下，《宽窄巷》逆势大幅扩版，从周末两天的八个版，扩为每天四个整版。对此，华西都市报社负责人认为："报纸，尤其是区域报纸，是记录区域文化最好的载体之一。媒体的文化价值和都市话语体系表达，使其能面向基层群众，不管是对历史的记载还是对当下的反映，都是不可或缺的。所以一定要做文化副刊，记录城市的文化，这也是文化副刊能够有所作为的地方。""在移动互联碎片化阅读时代，追求人文价值弥足珍贵。华西都市报社提出做报纸要有做艺术品的追求，就是要用工匠精神打造精品报纸，因为人工智能时代，思想和情感不可替代。"这两段话讲得十分精辟，有战略预判的眼光，特别是其所强调的在高科技勃兴的时候"思想和情感不可替代"更是振聋发聩。

但这仅仅是问题的一个方面。子曰："工欲善其事，必先利其器。"在互联网、人工智能高度发达的今天，纸媒大刀长矛的冷兵器确实已成明日黄花。如果抱残守缺，就是死路一条。如何与时俱进，蜕变更新，让传统媒体搭上高科技的快车，进而将传统媒体和新媒体融合，开创一个崭新局面？在这一点上，华西都市报社再次承续了其黑马雄风的本色，勇于开拓，大胆创新，又一次在业界引领风流，一个颠覆性的变革和转型在华西都市报社启动了。2015年10月28日，由四川日报报业集团打造，承载《华西都市报》融合转型使命的封面传媒成立，致力建设一流互联网科技传媒文化企业。2016年5月4日，封面传媒旗舰产品——封面新闻客户端上线，以"亿万年轻人的生活方式"为定位，为互联网空间提供正能量、年轻态、视频化的信息。封面新闻突出技术驱动，坚持内容为王，强化资本支撑，打造"智能+智慧+智库"的智媒体。作为中国第一智媒体，封面传媒以"引领人工智能时代的泛内容生态平台"为愿景，秉承用户至上理念，深化开放合作，依托大数据、人工智能和区块链等前沿技术，构建跨媒体、电商和文娱的产业链，推动"影响、资本、产业"三环联动跨越发展，实现"重新连接世界"的使命。封面传媒的横空出世和封面新闻APP的上线，使华西都市报社的媒体融合发展之路高歌猛进，封面新闻以人工智能技术重构新闻信息生产与传播的全流程，打造"封面大脑"，建设"智能编辑部"和智媒云，《华西都市报》与封面新闻从相加到相融，至2018年底《华西都市报》整体并入封面新闻，报纸成为封面新闻24小时传播环节中的一环。业界称这是媒体融合"颠覆性变革"案例。

借助媒体融合大潮和插上封面新闻新媒体传播翅膀，《华西都市报·宽窄巷》"天天文化副刊"实现了"纸与端齐飞"的线上和线下同频共振，以端为先的内容生产方式又一次刷新了读者对人文副刊的认识。如今，封面新闻已构建起了全国一流的人文频道矩阵，《宽窄》《读书》《历史》《地理》《千面》《文娱》《新知》等七个人文频道，与《华西都市报》每天五个版的《宽窄巷》人文副刊，是全国唯一每天报端齐头并进的独特人文品牌，在全国媒体界引起瞩目，获得广泛赞誉。这抹与其他传统报纸迥然不同的亮丽色彩在于，当你翻开《华西都市报》，也就打开了封面新闻的一个入口。报纸副刊《宽窄巷》上的每一个二维码都指向连接云端的"封面"，相关海量的资讯扑面而来。另一方面，《宽窄巷》所有的稿件都来源于封面新闻，拓宽和提高了报纸的视野、深度，使得《华西都市报》的传播力、影响力持续增强。每天千万乃至上亿的阅读量，令人咋舌！这是足以载入中国报业史的辉煌篇章。开山鼻祖就是开山鼻祖，排头兵就是排头兵，《华西都市报》就是《华西都市报》！

反者，道之动。这是事物运行的规律。反是相反，是否定；反也是返，是回归。中国文字的这种歧出分训而又同时合训生动地诠释了辩证法的正反合。《华西都市报》的副刊创新之路，由《老街坊》到《周末专刊》再到《宽窄巷》，从纸端到云端再到智媒体的融合正是这一规律的生动体现。于是，我们在纸端和云端的《宽窄巷》上看到了一出前所未有、五彩缤纷的大戏！"名人堂""四川发现""城市笔记""口述历史""身边档案""当代书评""蜀境""华西坝""语闻成都""百家姓""图博志""浣花溪""阅微堂""大历史""看新知"等名牌栏目和版面次第上演，打通中西，勾连古今。它们独具风姿，化堆垛为烟云，化腐朽为神奇，以有思想、有情感、有温度的文化品位吸引了广大读者。尤其是对蜀地文化的爬罗剔抉、取精用宏，更是赢得了读者的青睐。这是对四川文化的深度挖掘和巡礼，也是有利于四川历史文化的大普及。它使昔日的高头讲章、象牙塔中的幽深玄奥不再小众而平易近人，让昔时王谢堂前燕，飞入寻常百姓家。

为顺应读者需求，由陈岚、李鹏主编，封面新闻编辑的"《宽窄巷》人文书系"一套五本出版问世，无疑是读书界的一件盛事。它荟萃了《宽窄巷》副刊的菁华，琳琅满目，美不胜收。其主旨就是要弘扬四川人文精神、传承文化遗产；同时它抢救性地留下本土文化的文脉，也是蜀中文化的一个积累性成果。这套人文书系图文并茂，装帧精美，蔚为大观。应邀作序，我不妨作一简评，有话则长，无话则短，管窥锥指，抛砖引玉而已。

《蜀地文心：四川文艺大家口述历史》

这是一本饶有文化底蕴的书，称之为"蜀地文心"，看得出它的分量。它囊括了蜀地文学、川剧、曲艺、导演、音乐界的众多代表人物，称得上是当代四川的艺文志、当代四川文艺大家的人物画廊。综核名实，有两点给人留下了深刻的印象。

首先，它采用了口述历史的方式，使人物的景深大大扩展。现代口述史中有一句名言："人人都是自己的历史学家。"这里的历史，在我看来是文含两义，它既是个体的私人历史，讲的是自己的故事，也蕴含了社会历史的内容。书中四川文艺大家们丰富的人生履历无不有血有肉、丰富多彩，而折射出的则是四川本土的人文精神内核和风云色变的社会变迁。如《马识途：我的生命当中，没有"投降"二字》一文，就回肠荡气，感人至深。马老是革命家，也是文学家。他的经历富于传奇的色彩，一生的跌宕起伏，波澜壮阔，无不牵连着风云色变的时代。共和国的百年剧变，历历在目。读之令人神往，消去鄙吝的心。

其次，正因为它采用了口述历史的叙事方式，以非虚构类报道为历史留档，彰显了文本的艺术特色。既然是口述历史，就蕴含了对话的主客体，在这种叙事语境中，虽然内容是前尘往事，但却有现场感。历史的过去时和口述的现在进行时，交替融合产生了奇妙的效果，这是单纯的历史教科书所不能比拟的。读《王火：名字是火，气质如水》，你就有温馨之感。老作家蔼然仁者的音容笑貌，春风风人、夏雨雨人的君子之风，跃然纸上，极具画面感，令人感佩不已。其他如《白航：诗意洒人生，掌舵〈星星〉诗刊》《阿来："乡村之子"攀登文学高峰》《张新泉：从铁匠到鲁奖诗人》等，也都是优美的篇什，值得反复玩味。

以上我仅仅选择的是文学大家的个案，但管中窥豹，可见一斑。其他艺术门类的人物也同样精彩，魏明伦、许倩云、沈伐、李伯清、金乃凡、黄虎威等等，群星荟萃，都是看点。

《你不知道的成都：一个城市的风物志》

这是一本当代的成都风物志。成都的风流偶傥，成都的风花雪月，成都的温柔富贵，早已享誉海内外。张艺谋的成都宣传片中"成都是一个来了就不想走的城市"、时下传唱的赵雷的《成都》，都是这个城市的真实写照。本书文章选自《宽窄巷》副刊"语闻成都""城市笔记"等品牌栏目，浓墨重彩讲述了成都新兴的人文生活方式，聚焦于本土特色人物和有个性、有品质的成都式人文生活样本，生动地反映了当下多元化社会所带来的不同生活类型、别样生活态度、趣味生活圈子等，活脱脱地通过城市与人的故事，从不同角度展示出城市文化生活、普通市民生活图景和新旧地域文化，真实细致而又活色生香地描摹出成都这座新一线网红城市的迷人魅力和城市文化的立体形象。对于这本书我不想作具体的评述，而是提供一种比较阅读方式。观今宜鉴古，无古不成今，从古代的成都看今日的成都。

古代典籍中描绘成都市井风流和成都物候的著作当推元代费著写的《岁华纪丽谱》。费著是成都人，该作即成都人写成都。姑引其开篇，以概其胜：

> 成都游赏之盛，甲于西蜀。盖地大物繁，而俗好娱乐。凡太守岁时宴集，骑从杂沓，车服鲜华，倡优鼓吹，出入拥导，四方奇技，幻怪百变，序进于前，以从民乐。岁率有期，谓之故事。及期，则士女栉比，轻裘丫服，扶老携幼，阗道嬉游。

这种繁庶燕乐之境，在书中得到淋漓尽致的展现。不唯如此，《岁华纪丽谱》还把成都的游赏之盛和成都的物候季节相融，以元日为始次第其事，而终于冬至。一年四季，春花秋月，无不扫而包之。凡事都有其源，万物都有其根。探源溯流，对认识今日成都大有裨益。有趣的是，该书的主要内容"成都人的风花雪月"及"成都物候记"，和《岁华纪丽谱》并无二致，风流繁华，古今一揆。然"吾犹昔，非昔人也"。今日成都的风花雪月是现代都市的风采，已为古人所不及；何况本书还有《岁华纪丽谱》不可能有的内容，如"老外蓉漂系列"等。但总的来说，把《你不知道的成都：一个城市的风物志》和《岁华纪丽谱》参照阅读，你一定兴味多多，别有一番风趣。

《历史的注脚：档案里的四川秘史》

这是一本丰富多彩、兴味无穷的奇书。四川从来就是一个神奇的地方。复杂的地形地貌、瑰丽的民族文化、扑朔迷离的古蜀文明、虚无缥缈的仙道文化、沧桑巨变的历史演化，说不完，道不尽。其中蕴含了众多的不解之谜。行走天下，破解未知，是人类的天性，也是认知的重要内驱力。所以密中有奇，奇中有智，于人大有裨益。

书中所述，主要来源于《宽窄巷》副刊的"身边档案"和"四川发现"两个栏目，包括了"蜀地宝藏""老成都记忆""大师云集的华西坝""晚清十大四川总督""老照片背后的故事""大西王谜档"等系列报道中本土文化历史的内容。在我看来，既是四川秘史，也是四川的探奇觅胜和四川的揭秘、解密。以下试做分析。

本书的"黄虎秘档"部分，颇能吸睛万千。张献忠是家喻户晓的历史人物，历来为人们关注，传说多多。其内容包含了《张献忠的百亿财富谜局》《为张献忠造天球仪的洋人》等。这些内容包含了很多以前为人所不知的信息，颇能满足人们猎奇的心理，全可作茶余饭后，消痰化食的谈资。但是我认为最有价值的则是《神经大王随心所欲的杀人哲学》一节。它对张献忠作了理性的分析。作者从权力的异化导致的人的疑心病、黄虎性格的极端性、幻觉的妄想症及多重病态作了弗洛伊德式的精神解析，真正从心理上挖掘了张献忠的行为动机和行为方式，洞烛了张献忠的内心世界，可谓别开生面。

类似的文章还很多，也同样令人兴味盎然。如《十节玉琮　三千年前的"进口古董"》《东汉养老画像砖的蜀风汉韵》《二十四伎乐　雕像里的亡国之音》《骆秉章与石达开的生死赌局》《朱自清的背影　消失在成都》，这些文章值得向读者推荐。其故事的神秘性和解读的科学性，既有妙笔生花的文学斑斓，也有逻辑缜密的条分缕析，皆有可观者。

《人文蜀地：一份记者的行走笔记》

人文地理学是当今的显学，它有众多的分支。在我看来，本书大略可归为区域人文地理学。它关注的是人文现象的地域分布空间，以及与地理环境的相互关系。自古江山不负人，四川历来山水甲于天下，人文鼎盛古今，有得天独厚的人文地理资源。随便行走，三里有奥迹，五里见奇踪。散布川中的古镇子、古战场、古村落、古驿道、古宅院、古碉楼、古官寨、古作坊、古寺院星罗棋布，触目皆是。这些深深烙上"四川人文地理"元素的地方，既是远足的胜地，也是发思古之幽情，寻觅江山代谢、人事兴衰、商业沉浮和众多人类文化遗产的重要场所。《人文蜀地：一份记者的行走笔记》据此发扬，广采博收而匠心独运，融以百花而自成一味，虽然都是蜀中的文化景观，但是作者能以一方而窥天下之大，形成宏大的历史气象，蔚为泱泱大观之势，读之有开拓心胸、益人神智之慨。我略加理董，拈出两点略做评述。

此书有独特的学术品位。它破除了单纯的"以书考地"的路径，把古文字、历史文献、古器物、现场勘探融为一体，交互对照印证，还包括了民俗学、民族学和人类学的内容。在一定意义上而言，契合了徐中舒先生的多重论据法和任乃强先生的比较研究法，并非牛溲马勃，拉杂成篇，看得出作者是下足了功夫。像书中的《郫江：巴蜀古国的另一"高地"》《德格印经院的雕琢时光》《马湖有个孟获岛》《巴塘关帝庙：汉藏交融"大庙会"》等篇什都是典型的代表，其学术性由此可见。

另一方面，此书又具有很强的文学性。如果是一本正儿八经的历史人文地理学专著，它固然也有相应的读者，但圈子很小，不可能走进千家万户。而本书则以游记出之，进入了文学的范畴。文学是思想和情感的体现，具有感性的色彩，它有温度，有画面，有感受。在审美观照下，万物都焕发出异样的光彩。本书的四十篇深度游记，图文并茂，文笔优美，视角独特，有我之境与无我之境兼而有之，既有金戈铁马的铠辖之声，又有散文小品的灵秀和隽永，发人深省，耐人寻味。科学认知和艺术熏陶如"水中盐，蜜中花，沉瀣融合，无分彼此"，是值得一读的作品。

《祖辈的荣光：四川百家姓故事》

"百家姓"是《宽窄巷》的一个名牌栏目，长期连载，至今不辍，现在结集成书，可喜可贺。人是符号的动物，人类构建的符号系统是人类最伟大的成就之一。如果没有这个系统，人类早就崩溃了。钱锺书先生甚至提出"未名若无"的观念，可谓发唱惊挺。圆颅方趾的人类，千奇百怪，形形色色，但都有一个共同的特征，就是每个人都有姓有名。没有姓名的世界，只能是蛮荒混沌。而姓名对于中国人尤其重要。中国拥有世界上最悠久的姓氏文化，这是因为农耕文明是以血亲为纽带，瓜瓞绵绵就靠此维系。所以姓氏家谱与方志、正史构成了完整的中国历史，成为中国珍贵文化遗产的不可或缺的部分。四川是一个移民的省份，五方杂处，八面来风，很容易数典忘祖。现在好了，一册《祖辈的荣光：四川百家姓故事》在手，四川的赵钱孙李周吴郑王们都可以心满意足。移民的后裔是怎么修撰家谱的？蜀中如今现存的宗祠、老宅院，背后都有着怎样的故事？吾蜀历史上有哪些著名的名门望族和名人？他们对历史有着怎样的贡献？都可以在书中找到答案。所以此书服务大众，是有功德存焉。如果略做评述，以下三个方面不妨注意。

一是本书有完备的编排，有一定的系统性。它从移民有谱、宗祠宅院、名门望族、蜀地名贤四个方面着手，梳理出了四川百家姓的脉络和空间分布，线索清楚，便于查检。就陋见所及，也许是四川姓氏文化全方位概述的第一次，有开创之功。

二是它讲好了四川百家姓的故事。当然，四川百家姓的故事也是中国故事，算是满满的正能量。如《资阳黄氏宗祠：祠堂藏着族人迁徙密码》《新都刘氏宗祠：鼓励子孙读书，先祖立毒誓》《青白江刘家老屋：两百年老祠堂是座土墙房》《龙泉驿刘氏宗元祠：家训家风融在字辈中》等，都是叙事有方，行文波澜起伏，颇能引人入胜。而在"名门望族""蜀地名贤"两个栏目中，更是把祖辈的荣光发扬踔厉，为后昆树立了学习的榜样。

三是作者探赜索隐，钩深致远，发掘出了不少众所不知而又非常重要的文史资料和饶有情趣的人物行状。如大家都知道历史上的湖广填四川，却不知道历史上的四川"填山东"。而明朝初期，"四川曾经'填山东'"和"四川填山东移民传说中的'铁碓臼'真相"两节文字就生动地还原了这一深埋的历史。至于人物行状的发掘在书中更占据了相当的篇幅。如《何武：西汉政权职能改革"第一人"》《赵抃：铁面御史四次入川治蜀》《蒲宗孟：备受争议的北宋另类名臣》《清初移民傅荣沐：四川烟草引种第一人》等等，不胜枚举，相信读者在阅读中都会有浓浓的兴趣。

现在，正是我们民族文化复兴的伟大时代。"《宽窄巷》人文书系"为我们的价值阅读提供了一个范本。中国历来重视历史文化的传承，甚至提高到了治国经邦的高度。清代诗人龚自珍在《定庵续集》里说："欲知大原，必先为史，灭人之国，必先去其史。"这句话至今令人警醒。这里的"史"，其外延也包含了文化，可见历史文化对我们的重要性。历史文化就是我们的根系，就是我们的精神家园，就是我们民族生生不息的凝聚力。由是"《宽窄巷》人文书系"的出版不仅适得其时，而且很有意义。枕藉观之，不亦宜乎，不亦乐乎！末了，还有几点建议，这套书系应该继续出版下去，品牌报纸，品牌书系，一定会得到读者的长久欢迎。另外，它还可以作为乡土教材或课外读物进入学校。再者，在文创事业勃兴的当下，它应该衍生出自己的产业链。

我是《华西都市报》和封面新闻的老读者和老作者，我对这张报纸和新闻客户端深有感情。谨祝《宽窄巷》副刊越办越好，更上层楼！谨祝《华西都市报》永葆青春，其命维强，其命维新！

2020年5月28日　成都

目录

〈第一编〉

乐不思归的『蓉漂们』

伦敦是故乡，成都是家乡：英国美女的跨国情缘　003

与范冰冰搭戏的他竟是美国"蓉漂"　008

美食和爱情：橄榄球教练的最佳搭档　013

意大利红酒与麻辣川菜的相遇　018

南非小伙钟情成都：这里孕育着BMX超级玩家　023

四川交响乐团来了外籍首席　028

蓉漂10余年，韩国老板娘会说地道四川话　033

香港人在成都：早就爱上喝盖碗茶　038

成都农家乐里，他找到了台湾的"小确幸"　043

〈第二编〉

成都人的风花雪月

芭蕾夫妻古镇里打造艺术宅院　051

"花痴"夫妇建成都最大空中玫瑰园　057

创意混搭时间，她把春花秋月都酿成酒　063

青城"隐士"重现尺八唐音　069

唱起琴歌，唐诗宋词都活了　073

皮影戏的美丽与哀愁　079

成都62岁灯语者30年寻3000盏古灯　085

城市里，他们遥望着雪山　089

"90后"摄影师神奇"摄"出《山海经》　095

追星星的人："90后"辞职当专职星空摄影师　102

极地摄影师：风浪中淬炼人生　108

收藏界的现代书生：耗资上百万，藏书十万册　113

成都书王收藏线装古籍过万册　119

净手焚香翻古书，心痒难耐追绝版　126

植物达人制作标本收藏春天　133

〈第三编〉

成都物候记

锦江春色来，两岸花撩人　141

荠菜、鹿耳韭唤醒了思念春色的胃　147

玉兰花娉婷，翠萼带春寒　153

成都海棠十万株，繁华盛丽天下无　161

春色多娇，千花百卉争明媚　167

樱桃：鸟偷飞处衔将火　172

瑞香：一品九命紫风流　178

春山鸟空啼，西岭藏花径　183

寄生植物：发生在盛夏的绞杀　189

枸酱：一场拐枣引发的战争　193

深山筑"洞房"，追逐寒冬里的萤火虫　199

解开成都的暖冬密码　204

热带昆虫结伴造访青城山　209

雪地蜜蜂在成都暖冬的奇异之旅　216

青龙湖边用镜头"打鸟"的城市猎人　222

雪山追寻报春花，留下珍稀植物传奇　227

第一编

乐不思归的"蓉漂们"

为什么这么多老外和中国港澳台地区的人，会流连成都乐而忘返？"乐不思归的'蓉漂们'"解答了这一疑问，他们不远万里，跨越山川江海而来，在这里找到事业，找到爱情，甚至激发了自身潜能，找到了活着的价值和意义。细细想来，他们能把异乡当故乡，应当归因于成都开放包容、日益国际化的城市气质，美丽宜居的人居环境，成都人友爱热情的个性……

伦敦是故乡，成都是家乡：
英国美女的跨国情缘

浅茶色长发，灰蓝色眼睛，笑起来的时候眼睛睁大、嘴角很甜——葛燕希实在是个美人。

秋天的成都，我们约在天府三街的一家咖啡馆见面，采访过程中，来往路人常忍不住回头多看她几眼。

"对不起哈，来晚了。"这个24岁的英国姑娘一开口，流利的中文带着明显的成都话味道。16岁学中文，大学学的是"当代中国学"，她在2015年来到成都，并且在这里收获了自己的爱情和事业。现在，英国姑娘Daisy变成了"成都媳妇"葛燕希。伦敦是她曾经的故乡，而成都，将是她今后的家乡。

漂洋过海来到成都求职

葛燕希是伦敦人，本名Daisy。

"我们学校要求每个学生都必须学一门外语。意

成都街头，来自英国的葛燕希已和成都融为一体。 杨涛摄影

葛燕希与老公 受访者供图

大利语和中文，二选一。"大部分同学都选择了意大利语，Daisy执意选了中文，是全校仅有的两个选择中文的人之一，也是唯一选择学习中文的女孩子。

中文老师给她取了中文名葛燕希。"我妈妈的姓氏是Game，音译过来用了'葛'这个字，'燕'是我姨妈的名字。"葛燕希羞涩地笑了一下，"最后一个字，是希望的意思。"

少女葛燕希开始了艰难的中文学习之路。"声调很难的，成语也很难，写汉字最难。可是都很有趣。"她想了一下，补充了一句，"来了成都以后，学声调更难了，说来说去，都是'川普'味道。"

"高中时，学校组织我们去了一趟重庆。哇，中国和我想象中完全不一样，很厉害啊！"快速发展的现代城市，活泼的中国同学，活跃的经济以及奇妙而悠久的异域文化——葛燕希被中国迷住了。

高中毕业后，她考进了英国诺丁汉大学。选专业的时候，她填下了"当代中国学"。从这个时候起，她已经隐约预感到，自己的未来，将与中国结下不解之缘。

经过5年的本硕连读学习，毕业时，葛燕希毫不犹豫地选择了到中国工作。在珠海、青岛和成都3个城市中，她最终选择了成都。拉着行李，葛燕希孤身一人来到成都，开始了一个普通大学应届生的第一份工作。"我大学的研究方向是旅游可持续发展，而成都的农家乐，在全中国都是做得最好的。"她最终接受了一家成都本地建筑设计公司提供的职位，做自己喜欢的可持续发展方向的项目。

搭讪出租车司机练口语

像每个刚进职场的大学毕业生一样，葛燕希并没有因为外国人的身份而得到明显的"优待"。2015年初到成都，她租住在九眼桥附近，上班却在南三环外。

朋友带她去买了一辆电瓶车。那个夏天，每天上下班她骑着自己的"小绵羊"，单边要耗费一个半小时时间。"成都让我最喜欢的地方之一，就是人。"葛燕希发现，和自己曾经待过的其他城市相比，成都人似乎更不把她"老外"的身份当一回事，"我和大家都没有什么区别，一样上下班，一样吐槽工资低。大家都没觉得我是不一样的人，这让我很开心。"

但是她有额外的苦恼——刚来成都的第一年，她不敢开口说中文。"我就去找出租车司机们聊天啊。"每次打车，她就抓住师傅说中文，天南地北，什么都聊，"我还偷偷录音回去，然后自己慢慢听，练习听力。"这样花费了1年时间，葛燕希过了语言关。操着一口"川普"味儿的中国话，她越来越像个成都姑娘。

改行创业帮外国人找工作

"我找工作之后发现，外国人看起来竞争优势大，但其实在成都找工作也很难。"2015年，机缘巧合下，葛燕希认识了Angie等3个朋友，相同的理念让几个人一拍即合，一个大胆的想法开始在他们脑子里酝酿，"北京、上海、广州，都已经有了专门帮外国人找工作的人力资源公司，但是作为西南地区的核心城市，成都在这方面还是空白。"

想法开始在他们的脑子里盘旋，但他们每个都是有"正经工作"的人，都在犹豫要不要跨出大胆的一步。22岁的葛燕希很快做出了选择——她领了当月工资后直接辞职，然后拖着行李找到Angie，决定要把想法变成现实。

2015年，葛燕希等4个年轻人合办的"老外here"正式开张。4位创始人中，两名来自中国，两名跨越千万里从英国来相聚。这是一家专门做外国人人力资源整合的公司，在西南地区，他们首开先河。除了做人力资源外，为了帮助外国人更好地融入成都，他们还专门举办了学习打麻将、比赛做火锅等各种有趣的活动。两年时间里，通过"老外here"在成都找到工作、住下来的外国人，已经近2000人。

"成都国际化的速度越来越快。"2009年，葛燕希作为伦敦一所中学的学生，在成都和伦敦两个城市的教育合作中受益，成为英国第一批学习中文的中学生，并由此把事业发展的地点选在了中国。2017年，成都的国际化水平让她惊叹："成都需要更多的外来人才，而很多外国人，也非常向往成都。我们想成为两者之间的桥梁。"

健身房里遇到自己的真爱

事业来了，爱情也来了。为了认识更多的朋友，也为了"去健身房不花钱"，葛燕希拿着自己在英国读书时候考的教练证，兼职当上了健身教练。也是在这个阶段，她认识了杨昊。

"我们是参加健身房活动的时候认识的。"说起丈夫，燕希的脸微微有点红，"他带我到处去玩，去漂流爬山，很有趣。"但最终打动她的，是这个中国小伙子从来不会问她最害怕的几个问题。

"我们外国人，都会回答几百遍同样的问题。"几乎每遇到一个新朋友，葛燕希都会被问到同样的三个问题：你从哪里来？会不会打麻将？爱不爱吃火锅？

但杨昊从来没问过。这让她觉得，被当成了"自己人"。而成都男人的温柔体贴，也让英国美女非常受用。"我们英国的男孩子，大部分都爱看球、爱喝酒，而带女朋友到处玩？哈哈哈哈，不可能的。"

（本文原载于2017年10月18日《华西都市报》

封面新闻记者：杨雪）

与范冰冰搭戏的他
竟是美国『蓉漂』

全民讨论的热剧《那年花开月正圆》完结后，大家对"星莹"的悲剧之爱唏嘘感叹，也为周莹传奇的商界人生鼓掌喝彩。在剧中，有一个角色堪称打开周莹眼界的领路人——神父约瑟夫。鲜为人知的是，扮演神父约瑟夫的演员、美国人Steve Boergadine（以下称史蒂夫），在过去几年的大部分时间里，一直居住在成都，是资深的"蓉漂"老外。

从好莱坞配音演员到中国演艺圈"新面孔"，史蒂夫在成都找到了自己人生的新可能，也在这里收获了追求已久的简单生活。

告别好莱坞　来成都寻找新可能

20世纪70年代，史蒂夫开始在美国纽约做配音工作。最初他在一家剧院工作，并不是演员。在百老汇罢工潮的席卷下，他没了工作。"所以我去应聘了一家广告公司。经理听到我的声音后，立刻带我去了录音棚。"这是史蒂夫的第一部广播广告。从这里开始，他被推荐到其他机构，进入广播电视圈。罢工结束后，他辗转在俄勒冈等地做配音工作，最后来到洛杉矶，成功打入好莱坞。

20年好莱坞生涯里，史蒂夫给《黄金浩劫》《职业男人》《北美野人传说》等多部影片配过音。2008年，在遭遇生活的挫折后，他决定改变自己的生活，寻找人生新的可能——这是一个巨大的转变，史蒂夫接受了一所幼儿园的邀请，跨越半个地球来到成都，成为一名幼儿园外教老师。

"成都的外籍人士，大多数第一份工作就是外教。史蒂夫有语言背景，所以更有优势。"史蒂夫的好友、成都"老外here"外籍人力资源服务公司创始人之一Angie说，成都的外教水平曾良莠不齐，如今情况在发生转变，"现在成都的外教，依然集中在幼儿园领域，但门槛已有极大的提高。"

出演《钱学森》　进军中国影视圈

经过15天的试用期，史蒂夫顺利拿到为期一年的工作合同。在这里，曾经只是想逃离洛杉矶的他，似乎找到了灵魂的安抚之地。

"当时正值地震之后，四川人表现出来的英勇和努力，让我印象深刻。"从头开始、做一名幼儿园老师，对史蒂夫来说是个巨大的挑战，但也给他带来了许多意想不到的变化，"学生和家长都对我很好，成都人的爱和善良，生活里的每一件小事，都让我感到开心愉快"。

这座城市逐渐复苏了他的童真，以及灵魂中对戏剧艺术的热爱。就像初生的小孩，新的环境让他觉得新奇而独特，同事的帮助让他觉得温暖舒适。"在洛杉矶久违了的归属感，我在成都重新找到了。"史蒂夫在幼儿园一待就是3年，积攒够了重新开始的勇气，他决定再次改变自己的生活。

2011年，史蒂夫在一家动画公司供职。与此同时，他把自己在好莱坞的经历写成简历放上网，很快被电影《钱学森》的制片方发现。随后，他在这部片子里扮演了加州理工学院院长。

从此开始，史蒂夫陆续参演国内多部电影电视剧，与范冰冰、周迅、陈

史蒂夫与范冰冰搭戏　受访者供图

坤、孙俪等一线大牌明星合作过。2015年，他在《王朝的女人》中扮演出使大唐的东罗马帝国使臣，他多年的好莱坞配音演员的经验，在影片开始的3分钟表演里，尽显功底。

2017年，电视剧《那年花开月正圆》播出，史蒂夫在剧中扮演清末传教士约瑟夫。在剧里，约瑟夫不单给了周莹治疗吴聘的神奇药水，还让她第一次看到了电灯和世界地图，看到了真正的世界，从而激发了她的宏大梦想：把吴家的生意做到世界的每个角落去！

成都故事　从二手电马儿开始

到成都的第一夜，史蒂夫在二环路上的一家小旅馆住宿。第二天早上醒来时，他向窗外望去，被早高峰忙碌的成都惊呆了。"我不敢相信我的眼睛。"他感觉似乎有数以百万计的人在赶去上班的路上，"方式多种多样，开车的、骑自行车的、骑电瓶车的。数量之大令人难以置信。"

初到中国的他曾经天真地以为，自己永远不用加入早高峰的行列，但4个月后，他迎来了"成都式生活"的一个重要契机。

"我认识的一个外国朋友马上就要离开成都,她低价把她的电瓶车卖给了我。"第一次体验电瓶车的史蒂夫为了练习驾驶技术,晚上在超市的停车场里骑来骑去,"哈哈,因为超市的停车场里没有车子行驶啊!"

骑着这辆二手电瓶车,史蒂夫开始正式驶入"成都生活"。没过多久,他终于没忍住,重新买了辆新的电瓶车。"哦,这辆车速度快多了,这下我才开始真正享受骑电马儿的感觉。"

特殊技巧　逛英语角交朋友

刚到成都时,每个星期史蒂夫的上课时间是15个小时。剩下来的大把时间做什么?他想交朋友。

20年前,成都的英语爱好者们喜欢去锦江宾馆附近的河边。每个周末,各行各业,无论中外,许多人都在这里和陌生的朋友结识。现在,随着来蓉的外籍人士越来越多,英语角已经从锦江河畔扩散到城市的各个角落。

"我经常去英语角。这基本上是我最初社交互动的所有来源。"史蒂夫发现,作为一个外国人,要在成都和中国人交朋友,英语角可能是最容易找到朋友的地方,"我还能认识很多专业人士,有些还成为我终生的朋友。"在这里,史蒂夫遇到了工程师、学生、医生、工人等。

语言的交流,架起双方友谊的桥梁。曾经更多担负中国人练习口语作用的英语角,现在已经成为住在成都的外国人融入本地生活的一个窗口。"除了认识中国朋友,在英语角,我还认识了许多外籍人士。"史蒂夫发现,每个在成都的外国人,都有自己的故事,"是什么把我们带到这里来,远离家乡,来到这样一个遥远的国家?这是我们每个人都在追寻的问题。"

最大遗憾　没爱上火锅

虽然已经在中国迎来了演员生涯的"第二春",史蒂夫却仍坚持着不一样的生活哲学。

"我并不追求演员式的生活。无论是当老师还是当演员，我都只是一个快乐的'成都人'。"回顾自己在成都的日子，史蒂夫一言难尽。时间过得很快，他一边学会享受孤独，一边又以努力工作为生活指南，"唱歌，教书，表演，交朋友……我不是很喜欢参加各种聚会，在成都，我更享受快乐简单的生活方式。"

他在这里找到了很多地道的世界各地风味的餐馆。"唯一遗憾的是，我从来没能成为火锅爱好者。"他有点不好意思，"我所有的中国朋友都喜欢火锅。但是他们知道，如果吃火锅，就不必邀请我。"有趣的是，美国人史蒂夫在成都最爱吃的食物是饺子，他的理由是："我是一个简单的人。"

对史蒂夫来说，让成都成为"特殊的存在"，最主要的因素是人。"成都对我来说最重要的东西，不是给我的机会，而是帮助我的成都人。"这个城市闲适安逸的生活方式、无处不在的机会，蓬勃的生机、绿意，都成为他恋恋不舍的理由，"我爱这个城市，我很喜欢成都人。"

（本文原载于2017年10月25日《华西都市报》

封面新闻记者：杨雪）

美食和爱情：橄榄球教练的最佳搭档

Timothy Saley，是成都首家儿童橄榄球教育机构的全职教练。这个超级奶爸有个快满一岁的宝宝，更是"蓉漂"多年的"成都人"。他每天骑着心爱的电马儿，穿梭在成都的大街小巷，书写着中国版的"追梦赤子心"。

汉语通最爱骑电马儿上班

2017年是Timothy到成都的第十一个年头，从上大学到工作，再到娶妻生子，他慢慢融入这个城市，找到自己的活法。

妈妈是中国香港人，爸爸是德国人，虽然在加拿大长大，但Timothy深邃的西式脸廓上，也有藏不住的东方特征。更为明显的是，他一身四川的"椒盐味"：喜欢吃串串必须蘸干碟；最爱的代步工具是电马儿。每天早高峰，1.88米的大个儿在等红绿灯的路口人群里，特别显眼。

和其他在成都的外国人一样，Timothy也有中文名——薛荣神。因为很少提及，身边的同事大多不知道。"因为在粤语中Saley音同'薛'，而Timothy这个单词也有神的意思，所以就起了这个名字。"

2006年，在美国读完大一的薛荣神追随父亲的脚步，转学到了四川大学。"爸爸在川大学习过汉语，我也选择了攻读汉语言文学专业。"本身就有一点汉语底子，再加11年的学习，他的汉语水平，特别是普通话水平，得到朋友和同事的肯定。"他是我见过中文最好的老外了，熟知网络用语，我们时不时抛的梗他都能接住。"

入乡随俗的薛荣神，在成都的生活顺风顺水。"这边的人很友好，因为平时打球认识不少朋友，刚踏出校园在成都找工作，不少朋友都帮过忙。一旦看到了好的岗位，争相推荐给我，'去试试，去试试'。"

这个逐渐积累起的朋友圈，不仅有成都本地的小伙伴，更有来自四面八方的"蓉漂"，他们从事着IT、教育或者体育等不同领域的工作。"成都是个包容的城市，它把很多志同道合的人聚集到一起，大家互相帮助进步。"

美食和爱情是最佳拍档

在做全职橄榄球教练之前，薛荣神有过在国际幼儿园从事英语教学的经历。也就是在这段时间，他认识了妻子康莉。

"大家都在一个幼儿园上班，认识但不熟，很少交流。"康莉说，当时对他的印象就是一个"呆"字，甚至在交往的前期，她开玩笑，他也只是害羞地笑笑。

2012年冬天，幼儿园职工去一家板栗鸡店聚餐，两人意外地成为邻座，开启了第一次接触。"他口味比我还重，蘸料里面放了香油、花生酱、蚝油等，满满一大碗。"

"你要不尝尝我这碗（蘸料）吧。"薛荣神发出的邀请，衍生了更多的话题，从一锅板栗鸡和一碗大杂烩蘸料，延伸到了喜欢的音乐和电影。慢慢熟络后，他又用美食发起进攻。"他追我的时候，时不时在我办公桌上放点酸奶、小零食呀。下班或者周末，常约我去吃各种焖锅和串串。"

连番的"美食轰炸"，加上薛荣神细心又沉稳的性格魅力，娇小的成都妹子终于点头，和1.88米的混血儿组成了"最萌身高差"情侣。他们组建了属于自己的家庭，拥有了小千金，在琐碎磨合中享受着小确幸。

"有时候我说话比较'笼统'，而他是一个很重视计划的人。比如我会即兴提议去超市，他会很纳闷之前都没说好，为何突然要去。"这些在康莉看来，都是不可避免的"文化差异"，但理解沟通、相互忍让，是他们的相处之道。

婚后的薛荣神和妻子各自忙着工作，日常三餐落到了丈母娘身上。回锅肉，粉蒸排骨……说起丈母娘的拿手好菜，他脱口而出。"我不挑食，什么都喜欢吃，也不会在意什么辣椒啊、油的多少。"

在薛荣神眼中，丈母娘有着四川人的乐观，整天笑哈哈，感觉没什么可烦心的。不过刚接触时，丈母娘的"椒盐"普通话让他费了一点心。"比如'试一哈'这个词，听得一头雾水。"

好在通过不断的相处，他逐渐接受了丈母娘还"阔以"的普通话；同时，也正因为这位"椒盐味"的丈母娘的存在，让他省心了不少。"尤其是宝宝降临之后，她帮我们分担了不少家务活。"

每天回家，抱小宝宝是薛荣神最温暖的时刻。"有时下班晚，宝宝好像也挺配合，睡得晚，所以我们能见上一面玩闹一会儿。"

敬业大块头摔伤后照常训练

"Who are we？""Shark！"

每个周末，在金沙附近的星工场足球场内，总有一群戴着头盔，上身包裹着肩胸垫的"小小勇者"，喊着热血的口号，以熟稔的配合，无畏地"冲撞"着，体验激烈"开撕"带来的刺激。

这群最小3岁、最大13岁的萌娃橄榄球军团里，薛荣神是"孩子王"，也是队员们口中的"无畏大块头"。虽然身材魁梧、体格健壮，但他却从不显露"巨人的威严"。当队员出现姿势不对，或者站位出错的情况，他立马鼓励性

训练中的薛荣神　雷远东摄影

地拍拍手，盯着对方的眼睛，一遍一遍耐心指示："Look forward，look forward（向前看）。"

"很讲礼貌，很敬业。"一些经常在场边观战的家长给予薛荣神很高的评价，"如果当天课时计划有变动，要延后或者提前，他都会走到场边，用中文和家长沟通，征得同意。"一次，薛荣神骑着电马儿不小心撞到了地铁施工的围栏上，送到医院后头部有四处进行了缝针处理。"没想到隔了一天，他又站在球场上，吹着哨子发号施令了。"

对于薛荣神来说，和这群小朋友一起"战斗"，是他在重温童年的梦。

"小时候因为学小提琴，妈妈不允许我过多参与激烈的撞击性运动，怕弄坏了手指。"可是看到各类球场上的风驰电掣与刺激对阵，小Timothy一直心有念想。上学后，他逐渐接触篮球、橄榄球、冰球等，终于在喜欢的"冲撞的感觉"中找到心灵的阵地。

不光是那份刺激，团队球类比赛中所推崇的协作精神，也是薛荣神强调的。在他看来，橄榄球也是包容性很强的运动："不管高矮胖瘦，都可以参与进来，找到属于自己的位置，在团队中体现自我的价值。"

巨星光临更有国际范儿

不过，刚到成都的薛荣神，曾经为没有橄榄球球友犯愁。

"为数不多一起玩橄榄球的朋友，都是外国人，本地人不多。"而现在，每每找场地练球，好奇的眼光少多了。"尤其之前美国超级碗开赛时，打开朋友圈，为之一惊。感觉之前没接触过橄榄球的，也在发布'超级碗'的新闻或照片。也许他们只是对中场超级大腕的表演感兴趣，但也说明大家在逐渐认识这项运动。"

最让他感到意外和惊喜的是，现在成都有了属于当地小朋友的橄榄球训练机构，他也有幸成为其中一员，给萌娃们带来最原汁原味的美式橄榄球体验。目前，这家机构已经接纳了超过200名学员，全职外教过半。

"这也让我感受到成都开放的一面。"薛荣神说。2016年，美国职业橄榄球联盟（NFL）大篷车开到成都，通过橄榄球装备展示以及现场专业教练的指导，将地道的美国橄榄球风暴刮向蓉城。IFS广场上，还造势"搬来"一个超级茶碗，"这让我很意外，说明这里有市场、有球迷。"

不光是橄榄球，很多体育大咖的光临，也让薛荣神感受到这座城市日益浓厚的国际范儿。"2017年，NBA巨星斯蒂芬·库里亚洲行的其中一站就是成都。以前，这种机会更多落在上海或者北京，现在不一样了，成都已经有了吸引这些大明星的魅力。"

（本文原载于2017年10月23日《华西都市报》

封面新闻记者：杨晨）

意大利红酒与麻辣川菜的相遇

西西里位于地中海的中心，美丽而富饶。这里常年被阳光照耀着。

正如格斯在1787年4月13口到达巴勒莫时写下的句子："如果不去西西里，就像没有到过意大利，因为在西西里你才能找到意大利的美丽之源。"

美丽的西西里岛，是游客们的天堂，更是住在成都的意大利人Vito Locastro无法忘怀的家乡。出生在西西里岛一个小镇的Vito在成都开设了一个红酒俱乐部，叫"MEMORIA DI SICILIA"，翻译成中文就是"西西里往事"。爱生活、爱朋友、爱成都，他在成都4年多，结交了上千个朋友，还给自己取了一个中文名字：魏东。

他的朋友圈超过1000个人

在桐梓林一个小区，魏东租下了一栋带花园的洋

魏东在家里　雷远东摄影

房。房子有两层，一楼摆放了各种各样的红酒，是他招待朋友的地方。往里面走的一整面墙，则是他的家族照片墙，满墙的黑白照片，悠悠地诉说着长达百年的家族记忆。他毫不吝啬热情，向来访者介绍自己的家人，父亲母亲、爷爷奶奶，还有孩童时期的自己。

魏东深深热爱自己的家乡，一楼的一侧，悬挂着西西里岛的地图。如果你感兴趣，他还会乐此不疲地讲述很多西西里岛的历史。

"成都是我的第二故乡，因为工作原因我在北京待了7年，常年担任意大利电信北京分公司的负责人。"离开北京后，他先后去过南美等多个地区工作，但是对中国的牵挂一直停留在心头。丈量了中国广阔的疆域后，他最终选择了成都。说起为什么没在退休后继续留在北京，魏东狡黠地眨了眨眼："1997年，我第一次来成都。成都人热情、友好，麻辣美食和独特的民俗建筑给我留下了深刻印象。我一直关注着这里的变化和发展。近年来成都GDP的增长很快。交通便捷，办事也很方便。"

住的时间越久，他觉得自己在这个城市越发年轻。生活和工作总能在这里找到平衡点。"我的家乡西西里是个阳光充沛的地方，这跟成都恰好相反。但是，成都温润的气候让我感觉很舒服，在这里晒太阳反而变成了一种生活享受。"

魏东热爱生活，热爱交朋友。作为一个外国人，魏东对于环境的适应能力算是超强的。短短4年多，他在成都交了非常多的外国和本地朋友。他说，现在自己的微信联系人已经超过一千人了。"估计再继续下去，我需要再备一台手机，专门用来管理朋友圈。和年轻人在一起，快乐的时光让人忘记了年龄，成都让我觉得自己很年轻。"

意大利酒和川菜很搭

西西里常年阳光充沛，适合葡萄和橄榄生长，在西西里南部，几乎家家户户都会种植它们。距离成都万里之外的西西里岛上，魏东有一大片葡萄园。

魏东带来的意大利红酒全是由自己种植的有机葡萄酿造的，在成都受到追捧让他感到意外。成都人追求健康的生活方式，所以很看重有机产品，对于好的产品，成都人也懂得欣赏。"我们家族的红酒天然带点辣味，跟成都川菜的麻辣口味正好相配，我是个喜欢麻辣的老外！"魏东兴奋地说着他对成都生活的热爱，也得意地调侃自己对麻辣食物的喜爱。事实上，魏东家族的葡萄酒生意最早可以追溯到百年以前，现在家里的葡萄园由家族的兄弟负责照料。

在俱乐部一楼，展示着众多来自意大利本地、魏东家族自家酿造的葡萄酒、橄榄油。几十种葡萄酒，随便拿起一瓶，他都能讲出一段长长的故事。他还会根据饮酒人的身份和食物来推荐不同的品种。"如果是女士，我会推荐这款，口味柔和、香甜；如果是男士，这款就比较合适。"

当然，下酒菜不同，搭配的红酒更不一样。"这款酒适合搭配烤肉。"魏东说，"如果单独邀请一位女士共进晚餐，抑或一个人独酌，我会选择这一款。"有魏东这样一位资深红酒客，给你娓娓道来一瓶酒背后的故事，小酌一口，味蕾上停留着红酒的余香，知音难觅也就是如此了吧。难怪这里也成了很多成都人品红酒的聚集地。

魏东说，四川是白酒的圣地，诞生了很多知名的白酒品牌。随着城市越来越国际化，越来越多的年轻人也喜欢上红酒。私下里，他会经常邀请朋友来品酒，讲解红酒文化，让更多的年轻人能真正喜欢上红酒、懂得红酒。

招待朋友亲自下厨制作美食

魏东乐观、好客、慷慨，这让好朋友沈黎感慨："他的朋友实在太多了！"成都人沈黎在意大利工作多年。她的前同事，正好是魏东的朋友。因此，魏东来到成都之后，他们就熟悉了。沈黎可以用流利的意大利语和他进行沟通，即便是一些不懂的意大利语，转换成英语，魏东也能理解。"他有很多本地朋友，经常来找他聊天。有些英语讲不好，照样不影响谈话气氛。"

除了少数时候的寂寥外，大多数时候，魏东的俱乐部里都是高朋满座。"昨天有很多成都的朋友来到我这里，我还下厨招待了他们。"除了红酒，魏东还喜欢下厨亲自做地道的意面和比萨招待朋友。

魏东有一个大约十多平方米的小花园，花园里的多肉、枝叶茂密的绿植，还有香气四溢的罗勒，都是他亲手栽种的。花盆的底座，直接就是用来盛放红酒的托盘。

每次朋友来，他都会亲自到超市的进口商品区挑选最优质的食材，而罗勒叶，顺手在花园里采摘几片，便是比萨和意大利面的最佳伴侣。入秋的下午，坐在窗口抬头眺望，小花园里仍然是绿意盎然。魏东对自己的花园还不是很满意："最近实在太忙了，花园都有些荒废了。如果时间充足，花园会更美的。"

每二十天要爬一次青城山

现在，魏东一个人在成都，家人们住在米兰，但在这里他有了新的"家人"。他养了三只狗狗，一只大的是苏格兰牧羊犬，另外两只小的是白色贵宾犬。除了朋友，狗狗们就是他在成都的"亲人"。

他笑称，苏格兰牧羊犬已经成了"老头子"了。现在他最偏爱的是一只叫PEPE的贵宾狗。这只狗狗非常聪明，在魏东的训练下，通晓人性。"PEPE，来给大家做个表演。"聊天过程中，魏东忍不住把最得意的"狗儿子"抱了过来，给我们表演它的"拿手戏"。"PEPE，来，说个数。1、2、3、4、5。"不可思议的是，跟着魏东的节奏，狗狗的脚趾头居然动了起来。或许是害羞的缘故，狗狗当天的表现，并不如平时那么完美。但是看得出来，每一次互动，都给主人带来了巨大欢乐。

如今的魏东虽然退休多年，但是整个人看起来很有活力。闲暇时，他会到可以晒太阳的露天茶馆静静地喝一杯盖碗茶，感受这座城市浓郁的生活气息。他的手机里也下载了一款共享单车软件，时常刷一辆自行车，一个人骑着单车跑到天府广场，去感受成都人的生活节奏。

爱锻炼的他，完全没有一点衰老的感觉。年轻时喜欢打网球，来到成都，魏东会经常约朋友去打高尔夫。登山是他常年坚持、不会轻易中断的运动。他最爱的登山胜地是青城山，那里空气清新，有着天然优越的自然环境。"我几乎每二十天就要去 次。"魏东说，"朋友经常抱怨，你走得实在人快了，比你年轻很多的人都跟不上。"

如果你对魏东的登山水平有疑问，他会笑一笑并带有挑战意味地说："下次你跟我比赛，肯定比不过我！"

（本文原载于2017年10月26日《华西都市报》
封面新闻记者：张想玲）

南非小伙钟情成都：这里孕育着BMX超级玩家

　　虽然来成都才一年半的时间，23岁的南非小伙马特却像是一个老资格的"蓉漂"。尽管中文还不太利索，他却能在普通话、四川话和"川普"交织的语言环境中游刃有余。淘宝、微信和饿了么也是他的掌中宝，收快递、叫外卖毫不含糊。偶尔还要逛几圈菜市场，和一群大爷大妈们"挑三拣四"。

　　正儿八经介绍起来，他是一名"吃香"的外语教师，受聘于一些学校和教育机构，和成都的青少年们打着交道。但在严肃的课堂外，他回归了自己的青春本色，骑着小轮车，和自己的BMX（自行车越野）队友们，混迹在成都大小运动基地，享受着极限挑战带来的刺激。

　　马特说，成都已经成了他长久的根据地，因为在这里有太多可以期许的可能。

川普学徒听得懂"抵拢倒拐"

时间拉回到一年半前。从某知名运动饮料公司离职后，马特飞离海天一色的伊丽莎白港阿尔戈阿湾，抵达气候温润的锦官城。

"Wow！"惊讶是马特踏上这座城市时的第一反应。家乡伊丽莎白港带着一点维多利亚时期风格，城市色彩复古又跳跃，相比之下，成都更现代、更新鲜。"高楼，地铁，公园……是我想象中的城市。"因为自己出生在南非，4岁随家人去过印度生活，又辗转到英国一段时间，所以马特心中也不免对这几个地方有了比较。"成都城市建设发展很快，我都是到了成都才第一次感受了地铁。在英国除了伦敦，其他城市的地下轨道交通都没有这样发达。"

最大的差异应该是天气。"在英国经常阴雨，但成都和南非就比较接近。不过，南非可没有成都安全。"

除了气候上的冷热感知，在城市"温度"上，马特也感受到这里的更多暖意。"这边的人都很热情，不像一些地方，大家表面绅士，内心冷漠。"在成都遇上那些好客又八卦的出租车师傅，马特不仅能体验到老司机们拐弯刹车的娴熟，还能与他们在纯正椒盐普通话的交流中学到点本土俚语。

"他们喜欢说'不晓得'，我最开始完全不晓得'不晓得'是什么意思。"后来在朋友的解释下，马特也渐渐增加了诸如"抵拢倒拐"一类的词汇，偶尔还能准确运用几个。"这也是我成都生活的一部分吧，一旦你要融入这个环境，首先你就得适应并学习这里的语言。"

除了让自己的中文更加灵光，跟上这个城市的生活节奏也是马特要经历并享受的一部分。"中国的淘宝和支付手段太方便了，朋友已经教会我怎样使用，手机上一点一选就下单成功。"马特称自己最爱的APP是"饿了么"，每周总有一两次通过它"解锁"附近的川菜馆子。

英语导师喜欢中国学生

每天6点，马特准时起床洗漱。一杯咖啡后，带上挎包就赶赴地铁2号线第一波上班潮。

龙泉驿是他的目的地。目前当地有两个中学聘请他为英语导师，教授学生们日常口语，每天基本都有7节课的安排。所以一到上班时间，马特总会在朋友圈里呈现"失联"的状态。"太忙了，要来回奔波上课。"

说起这帮天天相处的学生们，马特则大呼他们是"天使"。"其实在国外，像这个年龄的孩子们有的挺叛逆，喜欢和老师对着干，甚至还有些不良嗜好。但在我的班上，孩子们都太听话了。"

马特竖起食指，压到嘴唇上重演自己课堂上的一幕。"嘘，不要讲话啦。"他立马又端坐起身子，直视前方，"只要我这样一提醒，他们就坐好，不再开任何小差。"学生的态度和行为让马特老师甚是欣慰，他认为，学生们这样的表现也和现在大环境的发展分不开。"毕竟现在中国社会越来越开放，与外界的交流越来越多。人们有意识地去跟随这样开放的潮流，并且重视语言的学习，这些学生也以这样积极的心态去适应和接受。"

正是这个积极与世界接轨的大环境，给马特和朋友们提供了诸多的工作机会。"我身边也有很多教英语的外国人，他们有的和我一样比较'自由'，受聘于多个学校或教育机构。也有的结识中国合伙人，做一些创业活动。"

除了教授青少年英语，马特也在一些成人英语教学班任职。"我不太敢尝试幼儿英语教学，哄孩子对我来说太难了。"为了配合自己的心情，马特将双手环抱胸前，歪着头，做出摇篮的姿势。

狂热的自行车越野爱好者

结束一天的课程后，马特除了偶尔会钻进热闹打挤的农贸市场，用不熟练的中文"两个土豆、三个茄子"和小贩"讨价还价"外，更多的时间则花在了"副业"自行车越野上。

"BMX就是我的生命。"马特直言，这也是他当初坚定来到成都的原因，"其实我的双胞胎兄弟先于我来到了成都，他总会隔空劝我'来吧，相信我'。"当时马特对于成都的认识，还停留在网络上——一些城市美食的介

马特表演小轮车炫技　雷远东摄影

绍，川剧和熊猫的短片。"我一直不确定，如果去了到底能干什么。直到点进了一个有介绍BMX在成都的短片，我的认识又瞬间被刷新。原来那里也有这么多同好者。"

现在，马特和当地车手们为伍，锦江河畔、兰桂坊外、欢乐谷里，都有他们骑着小轮车花式跳转的身影。他们能风驰电掣般驶上滑坡，再后仰360度在空中转圈，他们也能够不用刹车器控制，在力度和时间的把握中，神龙摆尾完成车轮的旋转。

马特的手机里，存着不少自己满意的摄影作品：有的是他去三圣乡捕捉的四川村落风景，有的是在BMX场地里抓拍的花样身影。

"受我妈妈的影响，我对艺术一直保持着很高的兴趣和敏锐度。恰好，成都在这些方面也做得很棒。"身边的朋友不少做着DJ或者摄影师的工作，所以马特也接触了一些圈内人士，"不管是独立音乐还是绘画摄影，成都本土都拥有着不少大师，比如从这里走出去的说唱组合Higher Brothers，他们现在可算名声大噪了。"

川菜博物馆可以算得上他第一次接触成都本土文化的地方。"除了外国人熟知的各类美食，我在里面更多地读懂了属于这个地方的艺术，整个博物馆的设计就很成都，它将传统和谐地安放于都市之中。"

展厅里一幅千人游宴的《唐宋游宴图》吸引了马特的注意，他还特地委托工作人员打听画师的身份。"它在传统的中国绘画上进行了夸张的延伸，就像这座城市一样，在保留传统中又制造着惊喜。"

就像《唐宋游宴图》一样，每一幅画必定蕴含着一个故事，传递着某种情绪，这是马特一直深信的艺术真谛。"我希望我的作品也是这样。"所以除了和朋友们在车技上"较劲儿"，马特还开始学习摄影，想用镜头记录下关于成都BMX团队的故事。

"不是单纯地拍摄视频，而是要去钻研如何拍出这项运动的美感，以及我们投注的热爱与坚持。"马特说，自己在这条道路上还是个初学者，但发展方向会一直不变，"希望自己能够做出出色的BMX视频短片，以成都为据点和背景，去推广这项运动。如果还能和相关的周边产品品牌达成合作，效果会更好。"

（本文原载于2017年11月6日《华西都市报》

封面新闻记者：杨晨、秦怡）

四川交响乐团来了外籍首席

清脆灵动的长笛、馥郁醇厚的双簧管、悠扬熨帖的提琴、庄严壮丽的长号……在成都天府二街的一个排练厅里，每到排练日，诸多乐器与乐手在这里齐聚，在漫长的磨合中，酝酿出一个优美醉人的交响乐舞台。

这是四川交响乐团（简称"川交"）的排练场。2017年初，"川交"招聘业务考核，吸引了大批海外音乐人。伴随着新的音乐季开始，这些海外音乐人开始在成都定居，把自己未来的一段时光放在这里，也把自己对未来的期待和梦想放在这里。

他们来自不同的国家，他们同样落在成都枝头。

来自耶鲁大学的长号手

亚历山大来自美国，毕业于耶鲁大学音乐学院，朋友们都叫他Alex。他担任四川交响乐团长号首席。

8岁时，他开始接触古典乐器，当时的选择是中提琴。5年后，这个羞涩的少年和长号相遇。两种乐器像两个伴侣，每一个都如此可爱、难以舍弃，进入耶鲁大学后，他最终选择专注于长号。

长号手Alex随后去了马来西亚爱乐乐团，也是在这里，他被同事介绍给了四川交响乐团音乐总监洪毅全。"不是我选择了成都，是成都选择了我。"

2017年6月，Alex提着自己的长号和行李，降落在成都双流机场，开始了一段新的人生。

"成都的生活很舒服，没有任何障碍。"初到异乡的陌生感，川菜的麻辣刺激，不同的生活方式，并未给Alex带来任何困扰。Alex对大熊猫充满好奇，热爱麻辣的川菜，这里的一切都让他觉得适应，"这个城市，我觉得很适合我。"

25岁的长号手在成都找到了新的归属地。最让他惊喜的是，两个月时间里，四川交响乐团新打造的这个团队，几乎每一天都在进步，音乐超越国界和语言，成为大家沟通的方式。

在偶尔遇到语言障碍时，Alex会掏出手机打开微信，和同事用微信的翻译功能进行交流。虽然仍只会很少量的中文，但他根据发音声调的不同，已经可以基本判断谈话对象是在说普通话还是四川话。

双簧管首席热爱"逛吃逛吃"

和穿越了半个地球的Alex相比，来自新加坡的李俊豪更适应成都的生活，中文说得非常好。在Alex兴致勃勃地说，自己准备把中文名字取作"亚历山大"时，李俊豪会笑着告诉对方，这是个"压力很大"的名字。

作为四川交响乐团现任双簧管首席，27岁的李俊豪在日常生活中仍像个少年。2017年8月到达成都后，他很快和团里的同事们熟悉，吃饭逛街打篮球，一点不耽误。

从新加坡国立大学杨秀桃音乐学院毕业后，他提着行李到四川交响乐团报到，和同样来自新加坡的长笛手吴建廷住同一个宿舍。"他每天就带我逛街啊，逛着逛着就开始吃东西。"吴建廷的小抱怨并没有影响到李俊豪对成都美食的热爱。

四川交响乐团新阵容亮相　受访者供图

长号首席亚力山大（左一）与外籍乐手们　受访者供图

"火锅啊，串串啊，都好好吃。至于小吃……难道还有不好吃的小吃吗？"吸引他来到四川的，除了美食，还有成都厚重的历史感，以及快速的发展进程，"这是一个很大的城市，充满了机会和希望。"

同样是新加坡人，长笛首席吴建廷明显比李俊豪内向一些。吴建廷对乐团本身的进步感到十分欣喜："音准音色，团员的默契，我们都在变得越来越好。"

韩国欧巴爱成都的韩国馆子

几个人里，唯一对川菜有"敬畏之心"的，是来自韩国的中提琴首席洪允皓。"川菜全是红的！看起来就很辣啊！"对他来说，辣尚可以忍受，但"麻"确实是不可逾越的高峰。

在成都，洪允皓可以轻松找到许多地道的韩国餐馆。"有点惊讶。"他说。在成都，很多韩国餐馆的老板就是韩国人，这让家乡的味道总是可以轻松慰藉游子的心。

Alex、李俊豪、吴建廷，还有洪允皓，都是2017年初参加"川交"的考核后进入乐团的。在这次业务考核中，除了"川交"乐员外，还吸引了将近40名外来考生，超过一半的考生都是来自美国、俄罗斯、新加坡等国家的外籍人士和"海归"，这也超出了四川交响乐团业务副团长牟岭红的预期："没有想到这么多外籍音乐人来参加。但与此同时，我们进行了调整，以后，会有更多的国际音乐人士来到四川，四川的交响乐，也将越来越和国际水平接轨。"

让交响乐融入公众文化生活

在"川交"的海外五人组里，至少有两人明确表示，来到四川交响乐团的重要因素，是"川交"现任艺术总监、国际著名青年指挥家洪毅全。

洪毅全是新加坡人，毕业于维也纳音乐学院、俄罗斯圣彼得堡音乐学院和美国耶鲁大学，曾在多项国际比赛中获奖。

2016年11月，洪毅全与"川交"有了首次合作。随后，面对"川交"伸出的橄榄枝，他深思熟虑后，接受了一份为期3年的合约。

洪毅全在签约之前了解到成都正在打造音乐之都，便与"川交"一拍即合。"来成都后，我逐渐接触到这里的绘画、文学、川剧、音乐等。我也去听了民乐音乐会，印象非常深刻，四川的音乐家们非常有激情，观众素质也很高。"

挑战也是存在的。"交响乐在中国，相对来说不够大众，除了提高乐团的水平外，还要培养受众，拉近交响乐和公众的距离，让大家感受到这是属于四川人自己的交响乐团，让交响乐成为公众文化生活的一部分。"洪毅全说。

日常交流中，来自五湖四海的音乐人，在过去的几个月里，逐渐有了合作的默契。韩国的长笛手和新加坡的长笛手，中国的中提琴手和韩国的中提琴手……音乐无国界，在四川交响乐的舞台上，一次次被验证。

作为四川交响乐力量中的重要部分，四川交响乐团的水平，从某种意义上代表着四川在严肃音乐这条道路上的发展趋势。采访中，年轻的音乐人，都对这片土地上将会出现什么样的音乐保持着热切的期待。每一个人都相信，四川将在未来，打造出一个具有国际竞争力的交响乐团，并形成自己的"音乐气候"。

（本文原载于2017年10月19日《华西都市报》

封面新闻记者：杨雪）

蓉漂10余年，韩国老板娘会说地道四川话

对于韩国人姜德顺来说，成都的每一天都从早晨7点开始，她会一直忙碌到晚上10点。

"来来来，里面请。我们这里有辣的和不辣的，保证你们吃巴适哈。"中午时分，就餐客人陆续增多，姜德顺热情地把客人迎进来。招呼客人时，她会夹杂着四川话，很多时候，客人们并不知道，面前这位热情的老板娘，是一位韩国人。

10多年前，曾经在韩国五星级酒店任职的酒店管理博士李钟直，决定来成都创业，开一家地道的韩国风味餐厅。为了支持丈夫的梦想，妻子姜德顺带着两个女儿，举家搬来成都。

从最初的学中文，到现在麻利地切换四川话，姜德顺对成都的生活早已得心应手、游刃有余。她不仅有了自己的成都朋友圈，也有忠实的美食粉丝，闲暇时候还会打几盘成都麻将。成都，已经成为这对韩国夫妇的第二故乡，这里的舒适、友善和活力，吸引着他们继续生活下去。

夫妇创业定居成都　四川话地道

浣花溪畔，大石路上的这家韩国餐厅，已经开了10余年。这里，就是姜德顺和丈夫在成都创业的开端。

从韩国来到成都，姜德顺最初认为是个"疯狂的想法"。丈夫李钟直，在韩国有着23年的酒店管理经验，是一位酒店管理博士。2005年，李钟直的好朋友来到成都开韩国料理店。"成都氛围很好，这里的人们喜欢美食，接纳各种风味，餐饮业很发达，你也来吧！"好朋友的一番热情推荐，让李钟直动了心。

到成都去，开一家地道的韩国餐厅！当李钟直把想法告诉姜德顺时，姜德顺当时还拿不定主意："要不，你先去成都看看情况吧？"她提议丈夫先到成都探路，自己在韩国照顾两个女儿。

说来就真的来了。李钟直来后，对成都的印象非常好。"这是很棒的地方呢，这里（成都）的人都很和善、真诚，气候也好，冬天都不会低到零度以下，树也比较多，你一定会喜欢的。"他这样对妻子描述着自己感受到的成都。从丈夫飞扬的神采中，姜德顺知道，一家四口将要去往成都了。

2006年，两个女儿正好该升初中和高中的时候，姜德顺和女儿们也搬到成都，与丈夫团聚。定居后，女儿们也开始在成都的学校学习。

要在成都打拼，语言关必须要攻克，姜德顺的学习经历非常励志。到成都以后，她先是到专门的学校学了两个月的汉语，学会了基本的拼音、声调，然后她就每天刻苦练习，吃早饭、坐公交、走路的时候边听磁带边练，还下载了一个电子词典，随时拿着纸笔学习记录，使自己能够尽快地和成都人交流。

来这里10多年，姜德顺早已练就了一口流利的汉语，四川话也听得懂，还能说一些。"来这里吃饭的很多人看到我、和我交流，都不知道我就是老板，也听不出来我是韩国人。知道之后，有的客人还会用简单的韩语和我说话，都非常友好。"因为餐厅员工多是四川人，姜德顺能熟练地在四川话和普通话之间切换。"如果你给自己的四川话水平打分，能得多少分？"记者问。"听力起码要打90分，哈哈哈！"话音未落，姜德顺自己已经笑了起来。

融入成都朋友圈　感情日渐深

在成都定居多年，姜德顺夫妇早已把这里当作第二故乡，热情好客的姜德顺已经有了不少的成都朋友。

"刚到成都第二年的暑假，我们全家去康定旅游，在旅游团认识了一个中国朋友。那个时候整个旅行团就我们一家四口是韩国人，这个朋友对我们就非常照顾，我们后来也一直有联系，每当在成都遇到困难的时候，她都会热心地帮我们。"姜德顺笑着说，当时是她来成都的第二年，汉语还不太好，对方说的是四川话，交流的时候还是有些困难。尽管这样，两家人还是会常常相聚，一起玩乐聊天，孩子年龄也相仿，会一起玩耍。

慢慢地，朋友越来越多，姜德顺对于四川话也听力无忧了。"啊，我发现四川人真的很喜欢打麻将。"在韩国的时候，姜德顺听说过麻将这种娱乐方式，到了成都，才见识到了麻将的魅力。入乡随俗，姜德顺也开始学习麻将。"成都麻将的规矩好多哦，我每次都聚精会神，还专门拿了个本本来记规则。"不过，姜德顺麻将技艺渐高，餐厅的生意却越来越忙，她反而少有打麻将的时间了。

这些年里，两个女儿在成都陆续完成了中学学业，也如愿分别考上了清华大学和中央美术学院，现在都已经参加了工作。

时光流转，女儿长大了，餐厅的客人越来越多，夫妇两人对成都的感情也越来越深。

使用微信订餐　韩餐接地气

姜德顺每天早上7点起床之后，吃完早餐就做做家务，10点半来到餐厅开始一天的忙碌。收货、做菜、安排员工。"有些菜是要自己做的，有些是亲自培训出的老员工来做。"姜德顺介绍，算起来这些老员工在餐厅也做了七八年，但由他们做的时候还是要亲自督查。至于进货，姜德顺笑着说，中国的电子商务很方便，她都是直接从网上订，他们会按时配送。

姜德顺一家合影　受访者供图

一般情况下，晚上来吃饭的人比中午多，加上在成都的韩国人微信群里大家也会订餐，再考虑到配送的时间，中午饭点过去之后就要准备下午的食材。一般下午4点就要开始准备晚餐，晚上6点左右，店里开始来客，一直到晚上10点她才会和员工一起下班。丈夫李钟直，在店里比较忙的时刻也会过来帮忙。记者到餐厅的时候刚好是下午3点，李钟直刚刚忙完准备出门。

餐厅除了成都本地的客人，很大一部分是在成都定居生活的韩国人，可能带着家乡的味道，他们都会长期在姜德顺的餐厅里订餐。适逢中秋、端午或者其他的一些节日，姜德顺还会打造一些地道的韩国料理，搭配成二人套餐或者四人套餐，发到韩国人在成都的微信群里，供大家选择。

除了为中秋打造的韩国料理套餐，姜德顺在端午的时候，还亲手准备了艾草米糕。姜德顺说，韩国人的端午节不吃粽子，而是要吃当季的时令植物艾草做成的米糕。韩国的米糕店，会在端午节前后，接受人们的预订，售卖艾草米糕。但在中国大部分是吃粽子的，因为天气炎热，一般很少做米糕。姜德顺便自己买点菖蒲和艾叶，趁中午饭点还没到，忙里偷闲做点艾草米糕。

除去节日的专门美食，姜德顺的韩国料理经过在成都十多年的发展，结合本地人的口味，经过了不断的调整，使料理更符合大家的口味。

资助贫困生　有颗公益心

从2008年开始，姜德顺夫妇一直在坚持资助一些家境贫困的孩子。姜德顺介绍，四川省韩国人商会通过韩国领事馆资助了广元的一所中学，姜德顺夫妇以二人的名义为这个中学设立了奖学金。姜德顺说，虽然钱不多，但还是希望能鼓励、帮助一下这些学生。后来经学校介绍，认识了一个家庭比较贫困的学生，就每月会资助她一些费用，定时给她寄去生活费。这个孩子比以前开朗了很多，上次见面还主动说要抱抱姜德顺。"还有很多学生，在春节、中秋节的时候都会给我们寄贺卡，还有打电话问候我们，问现在生意好不好啊，身体怎么样啊，每次接到这种电话都会感觉很温暖。"

丈夫李钟直除了是这家韩国料理的董事长，也是四川省韩国人商会会长。李钟直说，自己十多年前刚来中国的时候成都还没有几家韩国餐厅，去吃的人也很少。现在增加了很多，尤其像是韩国烤肉，已经成为很大众化的一种美食了。可能受韩国电影、电视剧的影响，大家对韩国菜的了解也越来越多。李钟直夫妇的店，也从1家扩展到了6家。让李钟直感受很深的一个变化是，现在外籍人士在成都办理餐饮手续证件的程序已经在不断简化，外国人在成都的工作、生活越来越便利了。

对于成都这些年的发展，姜德顺哈哈笑着说："变化非常大！有的地方我不是经常去，可能隔了一两年才去第二次，我都怀疑自己是不是没来过这个地方，变化太快、太大了。那些高楼一下子就建起来了，非常快！"姜德顺说，这个城市给人的感觉很亲切，很自在，"我们在成都还会继续生活下去"。

（本文原载于2017年10月16日《华西都市报》

封面新闻记者：赖芳杰）

香港人在成都：早就爱上喝盖碗茶

香港大学毕业的张裕鹏，目前是戴德梁行成都分公司总经理，也是位"成都女婿"。

和许多奋进的香港人一样，张裕鹏做事严谨有条理，勇于突破，在四川操盘商业地产，越做越有劲儿。但在他身上，我们也看到了成都人的影子，在注重效率的同时，也享受生活，打打牌、喝喝茶、泡泡小酒吧，生活高效而惬意。

十年，让青葱少年成为商业精英，也让张裕鹏和这座城的缘分，浓得不能再分开。这座城，有着与生俱来的独特优势，张裕鹏能强烈感受到城市快速发展的张力，也更具挑战性。这座城，也变成了他的家乡，有挚爱的妻儿，也有浓郁火锅味道的乡愁。

二环路上骑过几十圈

2008年初，成都的冬天比往年还要冷一点。张裕

闲暇时，张裕鹏（左）常和同伴一起骑自行车。

受访者供图

鹏领教了"必须要穿秋裤"的切身体验。

与寒冷相随，还有来自饮食、文化、生活习惯的种种不适应。但"到成都去"这个决定，一直清晰地印在张裕鹏脑海中。

1999年，张裕鹏开始从事国际房地产顾问。当时，"西部大开发"吹响了号角，虽然并不了解祖国西部，对成都也是只闻其名，但他莫名有种直觉，西部会有大作为。

一晃八九年过去，他在香港的工作，慢慢变得程式化。"工作流程、资源都是固有的，感觉没有太多挑战了，我希望能有更多的空间来做喜欢的事情。"

当时摆在张裕鹏面前的，有北上广和成都，他很干脆地选择了成都，并且信心满满。

张裕鹏带领的团队，从事房地产交易和处理跨国公司的商业需求，同时担任专业顾问，为开发商、投资基金及政府提供顾问服务。这其中包括协助世界500强企业在中西部的选址。

2008年刚来到成都时，城市高档写字楼宇的总量还不大，有4万到5万平方米。"楼有生长空间，商业人气也有生长的空间，成都有足够的潜力。"张裕鹏敏锐地捕捉着成都无限的可能，而要真正与一个城市接地气，他选择了自己最喜欢的方式，骑自行车"轧马路"。

一辆单车，一身骑行服，张裕鹏穿梭在成都的大街小巷中，扑面而来的有火锅的麻辣味道，也有成都蓬勃生长的直观变化。

"二环路，全长28公里，我骑了起码有几十遍。"张裕鹏很喜欢骑车，大概每次都要骑一小时左右，他说，在骑车的过程中，可以很直观地了解成都，接到真正的成都地气。"以前我们几个香港朋友都喜欢骑车，有时候会一块儿骑，甚至如果在骑车的过程中看到感兴趣的楼盘，还会穿着一身骑车服直接进去看房子，售楼员都很惊讶地看着我们，不相信我们是来看房子的。"万事开头难，张裕鹏通过一步步地摸索，加上对事业的激情，成都本地的包容性，慢慢地在成都稳定下来了。

"这十年下来，遇到过很多大大小小的挑战，但如果认定了，就一定要坚持做下去，不要轻易放弃，这是自己对自己的要求。"不过，张裕鹏说，自己能坚持下来，很大一部分原因，也是成都本身的发展，这是所有人看得到的希望。

带外商骑绿道吃农家乐

十年时间，张裕鹏的港味普通话，说得越来越有四川味道。他驾驭火锅的功力，也是日益见长，每周要吃两三次，不仅吃红锅，还得是牛油的。

成都也变得越来越有国际范儿。身处商业地产前沿的张裕鹏，对成都瞬息万变的新景象，更是历历在目。"2008年之前，一家外企到成都，主要是设办事处。而办事处设在那里，基本上就是配一个外派人员，处理外联的事务。"张裕鹏认为，其实对于一家刚进入中国市场的外企来说，落户中西部的哪个大城市，企业可能并没有特别清晰的比较。他们会在备选的城市里反复考察和论证，而成都几乎是脱颖而出。

2008年、2009年外企过来选址的时候，张裕鹏和团队要做的就是，让外商了解真正的成都是什么样子。"带着外商骑着自行车从九眼桥到三圣乡，再吃一顿农家乐，他们能很实际地感受成都、理解什么是成都。"张裕鹏说，体验了一盘"地道成都"之旅后，双方的生意洽谈也会进展得很顺利。

2010年开始，外资企业在成都不再局限于一间联络办公室，而是设立城市级的销售中心，差不多都是几百平方米的办公室。从2011年开始，张裕鹏看到很多世界500强开始在成都设立整个西部的销售中心，对写字楼的装修标准也是国际标准，一下子，外国来的人非常非常多。"写字楼的租金也从一开始的100

块钱每平方米不到，涨到200多块。"张裕鹏回忆到，很快，级别不同的办公楼、商铺，一个个、一片片相继立起。有了楼，楼里有了人，还需要满足相应的商业服务和需求。很多品牌也瞄准了这一商机，选择投资在这里。

2016年以后，张裕鹏兴奋地发现，成都的变化非常明显，成都本地企业已经开始壮大，比如在高新区、软件园等地，都可以看出企业需求越来越大。现在他的团队服务对象也发生了很多改变，以前基本上都是外商进驻成都，他们帮忙为外商选址；而现在多了许多成都本地的产业想往外走，需要在外面选址。

以前的办公楼的建设都是所谓的国际标准，并没有结合成都本身的文化，建成的办公楼不一定和成都匹配。但随着成都慢慢发展，人们会更明白自己的需要和城市的特色，楼宇的建设更加实用。

周末逛完湿地再喝盖碗茶

如果不来成都，"少不入川"这四个字，仅仅就是个字面意思。但是娶了成都媳妇后，张裕鹏笑言自己"来了就走不脱了"。

在张裕鹏的办公室里，有个专门的收纳袋，里面装满了厚厚一沓机票。机票记录着他以成都为起点，往返西北、沿海等各大城市的工作轨迹。如果说香港是他出生、成长的故乡，那么成都已俨然为其第二故乡。言语之中，张裕鹏的港味普通话已经带着"川普"的味道，他说自己对成都真的满满都是爱。

张裕鹏的妻子是成都人，两人在工作中认识，然后慢慢熟悉，直至相爱结婚。"她平时对我的工作、生活习惯都非常体谅，不会有任何抱怨，义无反顾地跟着我。"说起太太，张裕鹏一脸幸福。而在周末，一家三口会以成都人的方式，度过休闲时光。

"成都人的消费生活习惯，是很多人喜欢的，这个毋庸置疑。"张裕鹏说，只要是从香港那边过来成都旅游或者出差的亲戚朋友，自己总是要以成都人的待客之道来招呼对方，"我会邀请他们去骑自行车，骑行白鹭湾湿地，骑累了就在三圣乡的农家乐吃饭。他们都羡慕得很。"在享受和亲近自然的同时，也感受到成都这座城市在宜居方面所做出的努力。他也会常常带客户参观宽窄巷子、锦里、杜甫草堂、武侯祠，感受成都的文化底蕴。

张裕鹏每周一定会安排一次早餐去茶餐厅吃早茶，这是作为香港人的生活习惯，但是自从来到成都，喝盖碗茶也成了他的习惯。

张裕鹏说，之前的成都，各种消费方式都比较单一，一个东西有人说好，人们就会一窝蜂地去买，很集中式的选择，也是因为当时选择有限。但现在不一样了，消费者因为有了更多选择的权利，也就反过来要求商家要从单方面定制变为融入消费者思想需求的无限大的创造。这就需要商家随之做出自己的改变，很重要的一点是商家借助互联网，让消费者更能理解商家、了解产品，更接地气。

张裕鹏认为，整体来说，成都的竞争力优势，就是幸福感的综合成本比较低，可以花更少的钱，享受更高质量的生活。

（本文原载于2017年10月30日《华西都市报》

封面新闻记者：赖芳杰）

成都农家乐里，他找到了台湾的『小确幸』

郭弘扬身上有强烈的辨识度，斯文、得体，商人气质带着文人的儒雅笃定，鼻梁上架着一副无框眼镜，目光炯炯有神，白净的面庞，不说话时，沉静如水，如果讲到兴头，整个面部表情瞬间就被点燃。

作为地道的台湾人，他的身份是位于成都市郫都区的亚台青（成都）海峡青年创业园（以下简称"亚台青"）的总经理，这既是一个孵化器，更是四川和台湾交流的一条纽带。2017年5月，亚台青开园，短短几个月时间，已经有40余家台湾青年创业企业入驻并取得营业执照。这很大程度得益于郭弘扬和团队在台湾不遗余力地宣讲和引导，作为一个"造梦推手"，他正在用自己的力量，带动更多台湾年轻人在四川孵化自己的创业梦。

让更多台湾年轻人在成都创业

郭弘扬和成都结缘，源自对成都的一个创业项目的投资。项目的快速发展，让一直活跃在上海、昆山等东部沿海地区的台湾投资人，第一次开始认真审视成都这个西部省会城市。

第一次到访，郭弘扬就被震惊了。成都如火如荼的"双创"气氛，正是一个风口。而这个风口，台湾的创业者自然不能错过。

在他看来，很多台湾年轻人不了解大陆的发展以及大陆对台湾青年的扶持政策，创办一个创业园可以帮助台湾青年在初来大陆时用较低的成本了解并进入市场。为此，2017年5月，位于成都市郫都区的亚台青开园，计划建筑面积10000平方米。园区不仅仅是一个初创企业的孵化器，更像是川台年轻创客交流的一个平台。当天，就有超过20家台湾青年企业由台湾前来申请入驻园区。

在郭弘扬看来，"北上广深"生活成本高，成都比一线城市成本低，再搭配上政府很好的政策、园区的辅导，台湾青年到成都创业很有优势。事实上，很多台湾创业者来到成都，由于两地企业注册和税务规定不同，初来乍到，甚至连营业执照都拿不下来。为此，郭弘扬他们不仅为入驻企业提供三年免租金、免服务费等优惠政策，还会帮忙注册营业执照，对接市场、资金，并在台湾创业者拿到资金后帮忙扩大建厂等。

扶上马，送一程。创业园不仅吸引台湾创业团队入驻，还极力帮助他们留下来。企业入驻后，郭弘扬他们免费为创业者开办一个月的总裁辅导班。不同于请导师开讲堂的模式，"总裁班"是由政府协调好企业，让创业团队去对接。

郭弘扬解释，台湾青年在大陆的机会非常多，但是缺少一个切入口，如果创业园没做这件事，台湾青年来大陆后根本不知道到哪里找生意对象。通过"总裁班"，让他们接触企业，从而产生合作关系。

这一点，跟随郭弘扬一同从台湾来到四川的许家豪感受更为深刻。许家豪说，在正式落地亚台青的孵化器之前，他和他的团队也跑过许多地方考察，各地有不同的特色，但亚台青的朴实与真诚是他们最直接的感受："对于青年创业来说，速度很重要。原本需要半年才能完成的手续，在这里大概3周时间就能完成。奖励资金是账户开好就拿到了，补助是申请3到6个月就可以拿到。"

郭弘扬的团队一方面在台湾做宣讲，积极引导台湾的年轻人来成都创业；另一方面，他们也在牢牢把控着引入门槛。"一般会对入驻企业进行培训，譬如各类APP的使用、企业注册都会涉及。只有成熟的企业，才可以引进到成都。"郭弘扬说，短短几个月时间，就有40多家台湾企业在四川拿到经营执照，3家企业在川有了营收。

这让身处幕后的"造梦推手"郭弘扬感到欣慰。"希望未来有更多的台湾青年来大陆走走看看，了解内地的政策与产业方向。把自己的梦想在四川进行孵化。"

人与城都有惊人的魅力

"少不入川，老不出蜀"，这句四川人耳熟能详的俗语，不仅内地人熟悉，台湾人也老少皆知。俗语背后，一方面是人们对于成都这个休闲之都的慢生活的向往，另一方面，也让不了解这座城市的人衍生出许多解读。

很久之前，台商中间就有传说，四川生活太闲适，工作懒散。一到下午，四川的员工都去喝茶打麻将了，工厂没法正常开工。这种深刻的误解，让郭弘扬的心头蒙上了一层迷雾。"来川一年多，实际接触之后，发现完全不是这么回事。"

郭弘扬平时的工作会跟很多本地的年轻创客打交道。他发现，四川的很多人尤其是年轻人不仅对工作积极负责，对于个人的职业规划也很清晰，主动要求上进，非常的正能量。年轻创客的创造力，更是让人惊叹。

在与地方政府的交往中，另外一种改变也在发生。

郭弘扬来成都之后，真正见识了一个高效务实的现代政府。他举了个例子，之前发现亚台青门口的地砖松动，向有关部门反映，两天后，门口的地砖全部换了。为了适应台湾人的生活习惯，创客公寓专门打造了一层供台湾人居住。此外，还在走廊上安装了监视器，确保生活安全，万无一失。台湾年轻人不太适应蹲厕，公寓就被改造更换了更符合他们习惯的座便。"很多事情，他

孩子们暑假到成都，郭弘扬一家人学习做川菜。　雷远东摄影

们都提前想到了，有些甚至是我们都没想到的细节。"

成都与台北的双城生活

郭弘扬现在是台北、成都两边飞。

一个月中一半时间在成都，另外一半时间飞回台北，毕竟家人在那里。暑假的时候，一对可爱的儿女来成都，一家人其乐融融，有时还会学做川菜。

相较以前，他把更多的精力放在了四川。而买房这件事，则让他真正意义上在成都扎下了根。和一般人买房的谨慎不同，郭弘扬第二次到成都，就决定买房了。"一方面，是对这里生活环境的喜爱，另一方面，也是出于投资人的嗅觉。"台湾人在成都买房没法按揭，所以他现在居住的房子，是全款买的。

这次买房的经历，过程多少有些波折，最终在喜欢的城市扎下了根，他半开玩笑地说："我用真金白银表达了对这个城市的热爱。"

成都这座城市对郭弘扬生活的改变，不仅如此。越来越多成都人的生活方式，成了他生活的日常。每天早上起床洗漱完毕，打开手机，喊个滴滴。从郭弘扬居住的小区到工作的郫都区菁蓉镇，只需要15分钟车程。和很多台湾人对大陆各种APP的陌生不同，他可以熟练地使用各种共享平台，从打车到点餐，驾轻就熟。

"我最近尝试着在家点了北京烤鸭，鸭肉被片得整整齐齐，还有蘸酱和面皮，真的是好惊喜哦。"郭弘扬忍不住分享他在这座城市的生活细节。唯一不同的是，在这个食辣的城市，他还没有完全适应下来：吃饭时，会喊老板少放辣；吃火锅，会不由自主点鸳鸯锅。

离家千里，郭弘扬在成都也找到了他的"乡愁"。郫都区友爱镇农家乐林立，周末，带上亲朋好友，寄情大自然，是成都人最喜欢的生活方式。住在郫都区的他，曾被朋友带到了农科村，这让郭弘扬印象很深刻。

"成都的生活步调，没有北京、上海那么快，跟台北很像。"郭弘扬发现，在北京周末有人约他出来喝咖啡，谈的都是工作。成都的农家乐则到处充满了欢声笑语，人们把工作生活平衡得很好。而且成都的农家乐和台湾的民宿很像，这也让郭弘扬在成都的农家乐里，找到了台湾的"小确幸"。

（本文原载于2017年10月12日《华西都市报》

封面新闻记者：张想玲）

第二编
◇

成都人的风花雪月

不仅延展生命的长度，最重要的
是追求生命的宽度。他们是成都
生活方式的代言人：有春花秋月
的美梦成真，有不甘平淡的极致
活法，还有的人抱守着一份信
念，守护着蜀韵文化，为这座城
市增添着丰富的魅力……

芭蕾夫妻
古镇里打造艺术宅院

成都的4月，天气如夏。时有细雨，调剂扑来的热气。

龙泉驿区洛带镇三峨街，阴雨连绵之后的阳光显得温柔，还有些春天的样子。

咕噜转动的水车前面，是一座两层小院。青砖黛瓦，一对石狮子立在门前。一墙高的木架子摆在进门处，上面摆着白色的器皿。院子的景致从缝隙里漏出来，平添了几分旖旎。

大厅里，小狗"皮特"蜷在落地窗下晒太阳，男主人张欣睡眼惺忪从里屋出来，一跨出大门，安静惬意的"皮特"立马扑腾起来，朝着张欣汪汪大叫。

"只要见着我们在外面，它就要吵着出去。"抱起"皮特"，王新慧跟着迈出门。

时间已近11点，这座小院才刚刚醒来。"昨晚朋友过来玩，大家喝酒聊天到凌晨4点，所以睡到现在。"张欣说。

"因过竹院逢僧话，又得浮生半日闲。"巴黎、北京、海南、广州、厦门……辗转过那么多城市，如今定居成都，为的不就是这"半日闲"么。

成都院子 融合多元素的艺术中心

这座小院，是川西民居风格，张欣和王新慧接手后经过一番打造，屋内设计以北欧极简风格为主调，黑白灰加中国风原木、石材，再配上木蜡油。一屏一画一桌一椅，颇具韵味。从景观、装修到家具、瓷器、餐具，夫妻亲自参与设计，大费周章，构筑出院子现有的模样。

"这是我从旧货市场淘来的，是过去大户人家的东西，把它按照自己的想法修缮加工一下，既保有了原来的朴素，又增加了新的味道。"随意拿起一样物件，张欣便能说出背后的故事。

2016年7月，这里开始接待来客，受建筑设计、法国美食、红酒、书籍和茶、芭蕾舞等独特元素的影响，朋友、朋友的朋友纷至沓来。小憩，喝酒品茶，洽谈会晤，缘由各异。

旁人把这里看作一家民宿，声名渐显，然而张欣心底里，却认为这不单是一个让人住宿和休憩的地方。"其实我对它的定位，是艺术中心。芭蕾舞也好，建筑设计也好，陶艺、厨艺也罢，都是艺术。我从心底尊重手艺人，在法国，厨师就被称为'厨房的指挥家'。"

比如院子的名字"厚斋·友竹居"，"厚斋"取自张欣一位老师的雅号，老师是他最尊敬的一位艺术家，"友竹居"则效仿东坡居士"以竹为友"，欢迎远方来客。

1979年出生的张欣，10岁学芭蕾，17岁从北京舞蹈学院附中毕业后出国，在芭蕾之都法国，度过了13年职业舞者生涯。他骨子里有一半的西方做派和认知："民宿，最早源于欧洲，真正的欧洲民宿，大都是城堡。这些城堡本身，或者有自己的故事，或者有历史文化积淀。"

张欣夫妇在洛带的院子　雷远东摄影

舞者夫妻　花900万修成心仪之所

王新慧优美舞姿　受访者供图

王新慧从北京舞蹈学院芭蕾舞系毕业后，以芭蕾舞职业演员的身份到过国内外各地交流演出，夫妻俩都是全世界走过一遭的。

繁华世界，来来去去，两个北京人怎会安居于成都？

"演员的生活很单纯，就是不停地训练、演出，也有很多机会去全世界旅游。"张欣如此描述他当职业芭蕾舞演员的日子。"作为一名芭蕾舞演员，30出头已经算是高龄。"舞者都有常见的伤病缠身，再加上家人的期盼，2009年，张欣从法国回到北京，回到母校当芭蕾舞老师。

那一年，王新慧也回到北京舞蹈学院当芭蕾舞老师。2010年，张欣和王新慧一见钟情。相识相知后，两人在北京过了几年按部就班的生活。再后来，张欣决定离开学校自己创业，第一站选择了武汉。

从武汉，到广州，到海南，张欣的事业一路向南，王新慧也跟着一路南行。每到一座城市，张欣忙碌他的工作，妻子就在这里找一所学校，教她的芭蕾。

"到这里来之前，是做一个新三板上市的实体企业，养殖业全产业链，已经做到C轮，实在觉得心累了，不想再做。于是，交接了工作，想找个地方过宁静的生活。"张欣心力交瘁，决定休息一段时间，去过夫妻俩梦寐以求的生活。

"只做自己喜欢的事情。"一心不忘芭蕾和塞纳河的张欣，想寻找内心的诗和远方。一个偶然的机会，朋友带张欣来到洛带镇，小镇的幽静，成都的慢节奏，完美契合夫妻二人此时的心境。

看上了这座院子，张欣和妻子花700万买下来，然后用200万装修成心仪的样子。"这是我们的家，也是我们努力要建的艺术空间。"

芭蕾教学　不是真心喜欢会拒绝

艺术空间的信号正在释放。

院子一楼有个大房间，落地镜和舞蹈杆讲述着这里的故事——每到周末，张欣和王新慧的学生来到这里，学习芭蕾舞的技艺、礼仪和文化。

张欣曾经获得过瑞士洛桑国际芭蕾舞比赛金奖，第一届上海国际芭蕾舞蹈比赛金奖等，有过硬的专业水平。王新慧从教多年，同样经验丰富。记不得具体哪一天，有朋友主动把孩子送到了两人跟前。

"现在芭蕾舞的奖项越来越少，在国外主要在学生之间交流学习，很少有比赛了。芭蕾不是一项竞技运动，不光有技术，更有芭蕾舞的礼仪、文化和历史。"芭蕾舞是夫妻俩无法割舍的情感。

"王老师"和"张老师"由此开始了一对一的芭蕾舞教学，目前有5个学生。张欣说："能不能成为一名专业芭蕾舞者，先天身体条件，身材比例等起决定性作用。作为兴趣爱好，则没有什么太多的要求。"

这里，收学生的唯一标准是"要看孩子是不是真心喜欢"。张欣拒绝过不少慕名而来的求学者："孩子并不喜欢，只是父母一厢情愿想要孩子学，这种我们不收。"

张欣和王新慧的小院离繁华闹市较远，特别是远离成都市区。一个初三的孩子为了学芭蕾，每次都提前一天到小院住下，第二天一早上课。一个四年级的孩子爱跟王新慧学芭蕾，因为家离这里太远，家长一度劝孩子放弃，没想到孩子竟然发出恳请："妈妈，我以后星期六就把所有作业做完，星期天你就让我学芭蕾吧，行不行？"

"这就是我们强调要孩子真心喜欢的原因。"王新慧说，"只有喜欢，才能勇往直前、义无反顾。"

张欣因此次确定，这座院子为芭蕾而生，为艺术而生。

生活梦想　开垦一块葡萄园自己酿酒

有舞蹈有情怀，还有美酒和美食。频有三五好友相聚于此，把酒言欢，品茶闲坐，吃张欣做的法国菜。

"我喜欢去法国当地的古堡，向老太太学做波尔多菜，外出参演时也四处拜师。"张欣说，在法国时，每到一处他便找机会看下厨者用了什么调料，每次看完都把调料抄下来。

张欣是小院唯一的西式厨师，他做的法国菜也是这里的招牌。"做菜就像跳舞一样，我很享受这个过程，别人喜欢你的菜，那感觉很好。"

配美食少不了美酒，院子里就有个酒窖在地下室，这里保持着红砖本色，藏着张欣和朋友从法国淘回来的红酒。"几十上百块的都有，国外的酒窖就是这个样子，用红砖砌成，能藏酒就行。"

说到美食与酒，张欣有些兴奋，他爱红酒，甚至想拥有一个属于自己的农庄。

"国内酿的葡萄酒赶不上法国，不是因为原材料有问题，而是因为技术。酿葡萄酒必须要用橡木桶，一个橡木桶3000欧，只能用两三年。橡木能吸收葡萄酒中的酒精，所以国外的葡萄酒没有这么烈的酒味儿。"张欣已经做过很多功课，"其实本地的葡萄原料丰富，可以建一座农场，酿国内最纯正的葡萄酒。"

张欣的脑海里似乎已经有了蓝图："农庄选址最好就在龙泉山上，能有旧建筑可以改造最佳，沿袭北欧的建筑风格，开垦一块葡萄园，自己酿造葡萄酒，邀朋友来品尝。"畅想这番美景，王新慧的眼睛也跟着亮了。

现在，张欣和王新慧的生活，成了别人眼中的诗和远方。

（本文原载于2017年5月1日《华西都市报》

封面新闻记者：李媛莉、谢燃岸）

"花痴"夫妇
建成都最大空中玫瑰园

我心有猛虎，细嗅蔷薇。

这是英国诗人西格夫里·萨松代表作《于我，过去，现在以及未来》中的经典诗句——"in me the tiger sniffs the rose"，大意是指，远大而刚毅的雄心也有被温柔和美丽驯服的时候，喻示人有强悍与柔软的两面。

在成都市区南隅，刘颜辉和周思岑的空中花园在一处商业楼的顶层，玫瑰的气息无与伦比，多彩多姿而充满诱惑。刘颜辉恰似一只细嗅蔷薇的老虎，文科学霸变农业技术控，他钻研园艺，学得世界顶尖的土壤改良、品种培育、控温控光、有机种植等，与妻子周思岑建起一座四季有玫瑰的空中花园。

一切，更是西格夫里·萨松对爱情与生活的写照，"当爱情纷纷越过未来的藩篱，梦想解放出它们的双脚，舞蹈不停"。

无土栽培200多种玫瑰

这座成都最大的无土空中花园，刘颜辉和周思岑唤它"植寤"，取字于《诗经》中"窈窕淑女，寤寐求之"，意思是"唤醒植物"。

踩着清晨的雨露，周思岑出现在花园里，绯红的、淡紫的、鹅黄的、乳白的、翠绿的、鲜粉的玫瑰花朵簇拥在四周，还有吉卜赛新娘（满天星品种）摩肩接踵绽放，褪色后的无尽夏（绣球花品种）摇曳枝头……岁末之际的冬天，却是云蒸霞蔚的盛景。

细细观看，轻轻摁下剪刀，周思岑悠然行走园间，采集迷迭香和玫瑰花；刘颜辉手起刀落，修剪的枝丫转眼在脚下成堆；还有几个年轻的男女在浇水、抹桌、插花，一天的园艺生活又开始了。

2017年12月21日，成都蓝天白云，没有遮挡的花园被晒得透彻，这是周思岑最喜欢看到的。"当初选择在这个屋顶建花园，重点就是考虑了采光。"

2015年的冬天，刘颜辉和周思岑开始往这里搬运玫瑰，启动一座空中花园的建造。在那之前，刘颜辉和周思岑搜集了2000多个珍贵的玫瑰品种，种植在自家农场和家里的屋顶花园。"我们在安岳做农业，主要种柠檬，就从中辟了一块地种各种植物。"

因为对玫瑰的痴爱，从2008年起，刘颜辉和周思岑陆续从世界各地搜罗玫瑰："大多都是幼苗阶段从国外带回来的，也有从根雕的状态养活的。"

最初种在成都家中屋顶的玫瑰，是刘颜辉和周思岑优中选优从安岳农场搬来的。"经常吸引朋友，以及朋友的朋友来参观。"周思岑回忆起当时的日子，恰似甜蜜的负担，"来的人越来越多，但那时缺少'花园'的设计，不适合招待客人。"

于是在家的对面，他们找到了更大的空间。这个1000平方米的屋顶被一分为二，室内和室外露台各占一半，200多个品种的顶级玫瑰盛开在室外，成为成都最大的空中玫瑰园。

铺在草坪上的木板路在花园中延展，伸入每个花海围筑起的小天地，草坪柔软厚实，草木繁茂葱郁，花朵馥郁芳香，身在"植寤"的人，总抵不过少女心膨胀。看景的人被迷得神魂颠倒，谙熟花园生长的人，总在惊叹。

"你看到的草坪、种植袋，下面都不是泥土，而是从欧洲进口的介质。那种是泥炭椰糠有机质的合理配比，另外添加适当的生物菌。"周思岑的语调略带自豪和骄傲，"颜辉经过多年实验，调配出这种最适合在成都种玫瑰的介质。"

　　刘颜辉接过话："我们用的几乎是纯有机介质，它的有机质含量达到了97%，崩解后会被植物吸收，所以定期要往里边再添加。"

　　精心照料和玫瑰花品种的选择，实现了"植瘟"四季花开，"莫奈""玉玲珑""一千零一夜"……这个冬天，还有诸如此类的近百种花朵争艳。"玫瑰也很怕酷暑，盛夏基本上没什么花朵，像这样在楼顶上种植的更难，但我们在地面做了降温系统和喷灌系统，并通过微生物群落的代谢物调节植物的新陈代谢和抗逆性，保证了夏天的开花效果也很好。例如皮尔德罗萨只在春季开，但我们这里会开四轮，春季是爆花期，其他季节花少些。"

能控制玫瑰的新陈代谢

　　"我先修得比较'轻'，你看这些……"刘颜辉放慢了修剪的速度，对跟在身边的小徒弟讲解着。

　　重庆人刘颜辉是个学霸，16岁参加高考时拿到了远超北京大学录取线的成绩，后来遵从父母的意愿进了四川大学本硕连读班学中文。2007年，28岁的刘颜辉转行投身有机农业，跟着从国外请来的专家学本领，"光是学修枝就剪烂了6把剪刀，手掌全部磨出厚茧"。

　　"做花园也好，做农业也好，最主要的是了解植物的习性、昆虫的习性，要把它们的逻辑理清楚。"在"植瘟"能够找到的逻辑，是刘颜辉给植物生长搭建的整个生态系统，诸如"植瘟"的露台地面至少做了5层处理，"最底下一层做的是阻根层，防止植物的根系穿裂地面；第二层是防水；第三层用的是特殊的无纺布，可以整体平衡湿度和养料；第四层铺的是椰糠，保水保肥的同时，它的物理结构也可以为露台提供温度的平衡；之后再在上面铺地板石块等，以及周边的草坪，使之成为一个健康的保温保湿小环境。"

空中玫瑰花园　受访者供图

有"药罐子"之称的玫瑰，刘颜辉绝不让它们沾农药，对付蚜虫也用生态的治理方法："比如用蚂蚁和瓢虫。蚂蚁会像养羊一样把蚜虫搬到窝里，吃蚜虫分泌的蜜；瓢虫更厉害，平均每株月季上有20只左右的瓢虫就能达到平衡了。我们还在花园里种上番茄、草莓和蓝莓等一些浆果，吸引鸟类来吃，它们吃了浆果也会顺带捉虫。当然，微生物系统让土壤肥沃，是减少植物病虫害的关键。"

刘颜辉成了不折不扣的技术控，从搜集种植的200多个玫瑰品种中，不断选一些开花性能较好、能进一步提纯的品种。"物种繁育时很容易出现退化，也可以进化。太热或太冷时，它们的新陈代谢就会紊乱，通过补充适合的蛋白质、微量元素、氨基酸，会加快它的新陈代谢，提高抗病性。"

在筛选和培育品种的过程中，失败是家常便饭。"我们最早从欧洲引进的花草，经过了非常残酷的淘汰，最后物竞天择，只有最适应环境的活下来了。"

苔藓能拼成"世界社区"

列夫·托尔斯泰说："有生活就有幸福。"

"颜辉是园丁，我负责泡泡茶、做美食、拍拍照。"1980年出生的周思岑，就像花园里粉嫩的玫瑰，保持着少女心，"这里的200多种玫瑰和200多种铁线莲、香草、石斛等，绝大多数是可食用的，这是一座可以吃的有机花园。"

莫奈的画作能带来灵感，周思岑和朋友用花园里的植物做了《睡莲》和《从玫瑰花园眺望吉维尼的小镇》。"颜料是我们把鲜花或花瓣压成干花，再用干花的碎末磨成花粉涂上去的。用到了玫瑰花瓣、桃金娘花、旱金莲的嫩叶子、德国洋甘菊、牙买加木薄荷、野生桔梗花、鹅莓、巴西甜菊、乌干达桢桐花、小木槿，最后的样子就像莫奈的画作呈现出来的颜色和样子。"

闲聊之外，周思岑端出了甜品——亲手制作的天然玫瑰酱，与水果等调配成羹汤，甜而不腻，沁心润脾。以花入馔，从花草茶、甜品到各种主食，她希望用食物打通味蕾，畅通心境。

于周思岑而言，以花会友，是空中花园承载的最好记忆："不分年龄、职业，找到我们的人都是很爱植物的，有人来交换花草，有人来义务帮忙。"吸引力法则认为，思想集中在某一领域时，跟这个领域相关的人、事、物就会被他吸引而来，有一种看不见的能量——周思岑深以为然。夫妻俩修建"植窟"时，竟然有100多人主动跑到这里来帮忙，"有认识的，也有不认识的，他们帮忙做各种各样的杂活。"

后来，周思岑组建起一个线上"义工群"，参与"植窟"修建的100多个人都在里面，他们平日里总是不定期到花园坐坐，还有人带自制零食，以做欣赏美景的回赠。

这般互通往来的美好，"植窟"中还有更多痕迹。室内的绣球、苔藓、蕨类等来自世界各地，周思岑把它们比作"世界社区"："有来自电影《茜茜公主》里那个喷泉公园的苔藓，还有电影《音乐之声》里那个古堡来的小植物，还有朋友在不丹的虎穴寺带回来一块儿巴掌大的青苔……这些植物都很珍贵，充满故事。"

城市屋顶打造自然生态圈

刘颜辉和周思岑种植玫瑰的影响力已经越来越大，原本是私家屋顶花园，成了爱花之人的公园。

周思岑希望"植痴"能让更多人学会爱花，就像汪曾祺在《葡萄月令》里那种爱。"花有生命，玫瑰气息最强的时候是清晨和傍晚，晚上她们也会睡觉的，睡觉以后，就会深呼吸，白天太阳出来时，花瓣会张开，把花蕊露出来，傍晚就慢慢收拢，把自己裹起来，好像告诉你，我要休息了，你摸她的时候，感觉紧绷绷的，不像白天很松软，到第二天清晨又醒过来，再打开。"

日本农艺师宫崎曾很认真地跟刘颜辉讲，他可以听见植物讲话。"宫崎说第一次去蒲江的一个猕猴桃园，一进去就'听'到猕猴桃在讲这儿压着了，那儿不舒服，宫崎马上修剪，让它们舒服点。宫崎的痴迷对我触动很大。"刘颜辉自觉没有与植物对话的境界，但至少凭着直觉，可以跟它们沟通，看它们的光泽，就知道水和肥料的含量是不是合适。

刘颜辉有一个技术男的"野心"，通过美的东西更好地和外界交流，最终让别人看到美丽背后的科学。"我想要实现的是，能够在任何地方精准模拟某种自然环境，这种自然环境可以让来自欧洲的玫瑰繁茂生长，或者让只在森林存活的石斛在城市里生根开花。有一天，在城市的楼顶、你家的阳台，都能造一个完整的自然生态圈，实现植物有机生长。"

也许这就是英国谚语所说的境界——赠人玫瑰，手有余香。

（本文原载于2018年1月15日《华西都市报》

封面新闻记者：李媛莉）

创意混搭时间，她把春花秋月都酿成酒

夜幕初临。

明月村是这样的寂静，天地间仿佛只剩下风和树。

她，伸出纤长的手指，轻轻地举起酒杯。

洁白灯光，照着琥珀色的液体，笼罩了一屋子的香。

今夜有客，南北诗人齐聚。

四五根弦、七八声鼓，浅吟低唱，弹尽故人情。

花酒、果酒，觥筹交错。这是她的好酒，也是她的盛情。

枇杷栀子桃子蜜橘香茅茉莉，她一年四季都在酿酒。

村里人好奇：

这个城里的女人怎么会有这么多酒的魔术？

樱桃成熟时

都说"户大嫌甜酒，才高笑小诗"。

在蒲江明月村，熊英的酒与才情，无人疏远。

蒲江樱桃山，距成都84公里，纯净的乡村风貌成为田园景区。

樱桃做酒，是这里新兴的农家小产业，熊英是蒲江县樱桃协会的酿酒顾问。

"2017年做的200斤樱桃酒，不经意打响了名声，预约早早就来了。"

酿酒的水，来自樱桃山附近余家碥的一口300年老井——寿泉井。

注入井水发酵的樱桃酒，色泽更加鲜亮。

樱桃酒通常都是甜型或者半甜型。酿造方法不同，造就了不同类型，常见有普通发酵樱桃酒和樱桃白兰地两种。

经过去梗、清洗、杀菌、发酵、分离，发酵好的樱桃酒，一般需要陈酿12个月，才会面向市场。

熊英说，每一次手工做酒都像一个甜蜜的赌注。

"杂菌是酿酒的天敌，一旦酿酒设施消毒不到位，杂菌就像一群妖异的精灵，改变酒的主体风味，让你一整年或者半年的期待变成泡影。"

对于千变万化的酒来说，如果单用樱桃是不是有点寂寞？

所以，熊英喜欢樱桃加玫瑰，这就是酸甜适度、香气袭人的玫瑰樱桃酒，酒精度多保持在9~12度。

天生爱酿酒

熊英喜欢酿酒，仿佛天生就会。

小时候看母亲制作各种各样的泡酒，她特别感兴趣。18岁的时候，她就尝试用花果泡酒，进而发酵酿酒。

至今，人工酿酒已摸索30年，任何食材都可能成为她酿酒的原料。

明月村盛产一种野生的蜜橘，没人吃也没人收，采摘成本又高，村民们只好等它在树上成熟、腐烂。

橘子酿酒，是熊英的最爱。　受访者供图

    熊英看到后，像捡到宝一样，收了蜜橘，一口气酿了1000斤橘子酒。"橘子酒是一种特别的酒，一定要加上橘子皮，本身苦味和精油混合，酒味更加浓郁，苦味更加突出。"

    熊英的原料，从平原扩展到雪山，蒲江的猕猴桃、三圣乡的樱桃、贡嘎山的小黄菊，还有香蜂、香茅、迷迭香、茉莉、栀子、糖玫瑰……

    她对植物的色香味有天生的敏感性，尝一口刚摘的水果，就能想象出搭配它的花草。

    就像聚斯金德在《香水》中描绘的那样："人们可以在伟大、恐怖和美丽之前闭起眼睛，对于优美旋律或迷惑人的话可以充耳不闻，但是他们不能摆脱气味。因为气味是呼吸的兄弟，它随着呼吸进入人们的体内，如果他们要生存，就无法抵御它。气味深入到人们中间，径直到达心脏，在那里把爱慕和鄙视、厌恶和兴致、爱和恨区别开来。谁掌握了气味，谁就掌握了人们的心。"

    熊英的调和，是创意，也非常写意：桃子搭上栀子，枇杷配桂花，蜜橘搭香草，樱桃配上糖玫瑰……有人专门飞越大半个中国，只为来喝一口她酿的金桂枇杷酒。

地域不同，水果的甜度和性质也不同，所以搭配也不同。

三圣乡的桃子要跟三圣乡的桃花一起酿；到了明月村，鲜桃要加上当地的井水和单瓣栀子花。

鲜果、花草放进酒缸，各种化学元素在缸中沸腾，酒缸里的力量是人类无法掌控的，酿酒人能做的就是等待。

如同曾有人问德川家康："杜鹃不啼，而要听它啼，有什么办法？"德川家康的回答是："等待它啼。"

马尾松的秘密

在明月村，马尾松、雷竹笋、生态茶，"三宝"齐名。尤其是马尾松，扶摇直上，自有一番潇洒姿态。

熊英正在装修的明月樱园，就被包裹在一片茶园和松林之中。

4月的风，轻柔，但足以激起松涛如浪。

关于松酒，中国古代就有酿造记录，文人诗词中多有涉及。

李商隐在《潭州》说："目断故园人不至，松醪一醉与谁同。"

松醪，即松酒。

最有酿酒心得的是苏轼，《中山松醪赋》中提及，"取通明于盘错，出肪泽于烹熬。与黍麦而皆熟，沸春声之嘈嘈"。松节、松脂与黍麦同时烹熬，酿制而成的松酒"味甘余而小苦，叹幽姿之独高"。至于其风味，苏轼认为好喝到胜过"知甘酸之易坏，笑凉州之蒲萄"。

2016年7月，明月村刮了一场大风，吹倒了5000多株马尾松，熊英和朋友去剪了松芽，回家酿了10斤松酒，送给朋友品尝，好评如潮。

松酒的酿制，在熊英看来，更是一次自然物候的变化。

春天马尾松雄枝抽芽，采下松花；端午节顺阳在上，宜摘松芽，待到秋来摘下松果，再用山泉水发酵，在半年的悠长时光中，等待松酒的自我涤荡。

一些醉人的往事

"石榴半吐红巾蹙。待浮花浪蕊都尽，伴君幽独。"

从成都三圣乡到蒲江明月村，赭红色的泥土里，藏着一个女人的芳华和多少醉人的往事。

与熊英面对面时，觉察她的慵懒之外，更多的是特立独行。

一次演讲中，熊英如此概括了自己的人生：

"上学期间，我有两个外号，'林妹妹'形容清高、弱不禁风，'僵尸'形容四肢僵硬、沉默不语，曾经在数学考试时因为恐惧而休克。就是这样一个自闭、体能不足的数字低能儿，干了13年银行工作，后来做经济发展局局长、招商局长、分管经济工作的副区长、国企老总。这些岗位背离我的本性和志趣，而我做了20年。难过！"

命运不是机遇，而是选择。为了不让父母过度担心，熊英步步为营，从遂宁到成都，从公务员到事业单位，再到自由择业。

熊英对现在的生活特别满足："生活在鸟语花香中，每天睡到自然醒，没人管我，自由自在的，和猫猫狗狗一起玩，与有趣的朋友聊聊天，读书、喝茶、采花、摘菜，十分懒散，大家还常常夸我勤劳能干。"

也许是遗传或者耳濡目染，熊英的儿子小文也是一个调酒的好手，目前在一家咖啡馆工作，母子俩在酿酒方面常常会探讨，交流酒艺心得。

但小文认为妈妈这种作坊式生产，是基于追求田园与自然的文化情结。他希望，可以走更加科学化的路子。

人在酒途

熊英承认自己是天生的"花痴"。

无论怎样的热闹，并不阻碍她追求旖旎的人生。

15岁时，熊英说："我要在20岁之前死去，20岁太老太丑了。"不料，一不小心人生竟跨到中年。"那时不知道生活有多么丰富，不知道美和老与年龄无关。现在我最大的期待是看到10年后我的样子，更大的期待是看到20年后的样子。以此类推，生活有无限可能，不断创造更有趣的生活，这就是我的活法。"

其实，她也是天赋异禀的酒痴。

林清玄曾经给古龙写过一幅字："陌上花开，可以缓缓醉矣，忍把浮名，换了浅斟低唱。"

之于熊英，酿酒与品酒，已是一种生活心境。

三杯两盏，渐觉纷华远，一片笙歌醉里归。

（本文原载于2018年4月30日《华西都市报》

封面新闻记者：仲伟）

青城『隐士』重现尺八唐音

群树环绕的青城山谷中，缭绕云雾之间，空寂悠远的乐声在此倾泻而出，为这满目朦胧的青绿山水，更添一份禅意。顺着这乐声寻源而去，就会看见一位满头银丝的老者立于侧，乐声就从他手指下的乐器中发出，响彻悠悠天地之间。

细听那乐声，音色质朴，苍凉高迈。让人不禁好奇，究竟是怎样的乐器，才能演奏出这辽阔之音？此时，该把目光转向那位双鬓霜白的演奏者，他将用这件乐器，将盛唐的乐音徐徐道出。这，就是青城山"隐士"陈大华，与尺八之间的故事。

尺八音起 来自盛唐的雅乐

陈大华手中的尺八，已经被他摩挲得有些光亮。这件中国的传统乐器可能在国内认知度远远不及萧、古琴等。但其对于陈大华来说，却如同天籁一般令他

着布衫、奏尺八，陈大华俨然现代"隐士"。
受访者供图

心向神往。尺八因长一尺八寸，故得此名，作为古代吹管笛箫类乐器的一种，兴盛于唐朝，又在南宋逐渐衰落直至失传，之后传到日本流入民间，历史可谓跌宕起伏。

尺八起源于何时？至今仍众说纷纭，没有明确的论断。但是在大唐盛世之中，一定少不了尺八的空灵乐声。"'尺八'这个名字，最早是在唐代出现的。在唐以前，所有吹管乐器都称为'笛'。"陈大华说，尺八和箫本是民间的俗乐，据传汉代在成都周边地区，民间吹奏尺八就十分盛行。到了唐朝，尺八一跃而上进入宫廷成为雅乐，并被载入史册，才引起世人的关注。"唐代，是尺八最辉煌的时代。"

可是到了南宋，尺八的地位每况愈下，几乎面临失传的困境。但在机缘巧合之下，一位名叫觉心的日本和尚听到尺八吹奏，便拜演奏者张参为师，学成之后将尺八和唐代古曲《虚铎》带回了日本。后来，觉心创立普化宗，将尺八吹奏融入修禅，称为"吹禅"，故他所传授的尺八被称为普化尺八。"直到现在，日本奈良的正仓院，还保存有唐尺八，被视为日本国宝。"陈大华说。

尺八在日本得到继承和发展，但是其发源于中国，所以日本曾多次有团体和僧人来杭州为尺八寻根。而陈大华与尺八的缘分，就始于此。

自制乐器　走进深山寻找老竹

音乐，是陈大华生命中无法缺少的元素。陈大华出生于江油，年少时期，他就对此展现出了极大的兴趣，读初中时做过竹笛，后来又拉过二胡和小提琴。2002年，陈大华在媒体的报道中，看到了日本人为尺八寻根的故事。这时他才知道，原来尺八生于华夏土地，顿时产生了解和学习它的愿望。"当时的中国，对尺八的记忆是一片空白，周围没有人知道这个乐器。即便到现在，知道尺八的也不多。"

尺八价高，陈大华说自己当时是工薪阶层，实在狠不下心去买，便开始自己动手做。再加上，陈大华也对制作有着浓厚的兴趣，在他所收集的资料里，就有尺八制作的具体数据和方法。但是制作尺八，远比他想象的困难。"首先是合适的竹材难找，对竹材的种类、生长环境、粗细规格都有要求，再者关于尺八制作的数据仅仅是一个参考，所以校定音准和音色的难度就很大。"

从2002年接触尺八以来，陈大华便开始全身心地投入到尺八的制作和演奏中去。为寻找制作尺八的原料，他开始行走在青城后山、青川等地寻找老竹，用亲手制作的尺八，再现盛唐的乐音。

到现在，10多年的时光转瞬即逝，他仍然在做着这一件事。

隐居深山　以诗和尺八为伴

着布衫、奏尺八，俨然一位现代"隐士"。

年轻时，陈大华曾是颇具名气的诗人，曾与蒲永见、蒋雪峰并称"江油诗坛三剑客"，人称江油诗坛"大哥"。但是在遇见乐器尺八之后，他逐渐不理俗世，在青城山的山清水秀中，过上了"隐士"般的生活。

陈大华善吹尺八，其音色苍凉辽阔，也有空灵恬静之意境，至美至妙。如今，在呼唤传统文化复兴的浪潮之中，有着数千年历史的尺八文化，也开始成为人们关注的焦点。曾有无数人向陈大华发出演出的邀约，但是对于他来说，闲居青城山之中，以诗和尺八为伴，才是对灵魂的安顿。

2017年，一部以溯源尺八历史、探访当代尺八人的音乐纪录片《尺八·一声一世》公布了预告片。在声势浩大的发布会上，纪录片再次将观众的视线拉回到了尺八这件千年的古乐器之上。近年来，越来越多的当代人开始关注尺八文化，学习尺八演奏。尺八在中国失传多年后，终于又回到了发源地，并开始生长。

陈大华表示，现在尺八的境遇比他刚开始学习时好了很多，但是大多数人，还是不了解这个东西。对于尺八的未来，他也更相信顺其自然。"尺八要普及，形成规范的教学体制，在逐步提高的基础上，产生具有本土特色的演奏家。它需要社会的关注和正确引导，更需要音乐玩家的努力。"

同时，他也云淡风轻说道，尺八和箫是慢乐器，并非人人都适合，特别是当下这个快节奏的时代。的确，尺八声中的空灵恬静、沧桑辽阔，又岂是人人都能体会的呢？这样想来，陈大华也许就是在青城山的翠山绿水中，才反复洗涤出尺八的意蕴。

曾以诗名动江油诗坛，现在又凭借尺八演奏被人们关注，但陈大华平时鲜少在公共场合演出，更多的时候只是叫上三五好友，在被雨水打湿的古屋旁，吹上一曲大唐的余音，生活清静而悠闲。

诗歌和尺八，对于陈大华来说，都是兴致所至，不是谋生的本事，而是精神世界的寄托。他曾直言写诗是"青少年时代一种非理性的选择"，在他看来，诗歌和尺八的相似之处，就在于两者都是"没有实际用处而又是精神世界不可或缺的东西"。"它们是我生活的陪伴，是我生命的另一个出口，是释放也是安顿。对此，我没有任何目标规划，都是出于自娱。"

尺八艺术自南宋传入日本后，在当地极为兴盛，后传承发展出三大流派——"明暗对山流""琴古流"和"都山流"。"明暗对山流"对尺八吹奏要求"万发自然，不事雕琢"，其第四代传承人冢本松韵也说："尺八吹奏时，要一切声音从吹者心中自然流露，心自清澈，天地感通。"在陈大华看来，这些话也可以用在诗歌上，所以尺八和诗歌，在他眼里都是"由心而发"的事物。

"青城山闲居10多年了，生活安静。读诗，吹箫，做尺八，玩得很满足。偶有朋友来访，饮酒喝茶更是愉快的事。希望自己就这样生活，不愿改变。"陈大华说。

（本文原载于2018年10月16日《华西都市报》

封面新闻记者：李雨心）

唱起琴歌，唐诗宋词都活了

这是一个寻常的周六晚上，而因了古音古韵的古琴，与应和古琴的诗词吟唱，这个夜晚变得别样雅致和韵味。

华灯初上，成都市中心的"屋顶上的樱园"里，一场古琴雅集吸引了众多听众。

"为我一挥手，如听万壑松。"从摆琴到弹琴、吟唱、起身、鞠躬，蜀派古琴传承人黄明康一连贯的动作和谐优美，而那歌声缠绕着琴声，那吟诵附着着音韵，真可谓一唱三叹、娓娓动听。

和着古琴　诗词仿佛活了

纤指轻揉操古琴，喧嚣消融弦瑟中。

全场鸦雀无声，人们的心神与演奏者指下流淌的山水之音静静地呼应。听众屏息凝神，托腮聆听，仿佛内心的浮躁一下子就被琴音拂去了。一曲奏罢，观众们为之感动，掌声四起。

黄明康和她带领的东坡琴社成员，给大家带来的不仅是古琴的悠远，还有琴歌的新鲜。

演出前，黄明康特别讲解，古琴是内敛的乐器，它的音量并不大，在公众场合演奏，需要静心聆听，黄明康称作"牵着你的耳朵去听"。在随后的演出中，大家都特别安静，难得的是，几个小听众整场也一声未发。

古琴看似为简单的七弦，在高手的指间可以变化万千。一曲《广陵散》力道盎然，震人心魄；而后的《阳关三叠》又是另一种意味，哀怨、不舍、担忧在琴声和歌声中展现得淋漓尽致；《秋水》则时缓时急地诉说，一段余音未止，另一段又陡然而生。

最让听众新奇的，是黄明康的琴歌。

琴歌《峨眉山月歌》是古诗与古琴的碰撞，将诗词的音韵美、音乐的格律美展现得淋漓尽致，现场琴声飞扬，余音绕梁。

中国诗词在最初被创作时，就可以拿来吟唱，和琴而吟、而唱，是其最基本也是最普遍的展现方式，然而在流传的过程中，因为种种原因，"弹唱"的形式渐渐变为了"弹奏"。如今能唱琴歌，能自己创作琴歌，还能恢复古曲打谱的人，为数不多。

琴雅集临近尾声，黄明康现场教大家唱了一曲《花非花》，是她自己编曲的琴歌，尽管天色已晚，听众仍然饶有兴味地学着，"花非花雾非雾，夜半来天明去。来如春梦几多时？去似朝云无觅处"。曲折婉转的音调，配合白居易简妙的诗句，把人们带入朦胧的诗意情怀之中，沉醉良久。

第一次听琴歌的小周姑娘，唱完说出一句感叹："这样一唱，诗词仿佛活过来了！"

爱上琴歌　谱曲《花非花》

一袭丝绸红裙，头发盘成发髻，黄明康演出时，总是一身古典的装扮。日常生活中的她，就随意了些。不过，50多岁的她，明显看起来比同龄人年轻。

黄明康弹奏古琴，意蕴悠悠。　雷远东摄影

　　黄明康，成都市非遗蜀派古琴代表性传承人。她的家里，最醒目的装饰，就是墙上挂的一排古琴。客厅一角摆放着一张书桌，桌面散放着她的书法、画作等。黄明康说，平时除了练琴，也会练练字画，都是可以修身养性的。

　　"小时候看香港的电影《屈原》，那个时候就惊讶，原来诗词是可以唱的，我从小就爱唱歌，嗓子好，后来拜师俞老（俞伯荪）就开始学习弹唱，摆两张桌子，俞老和我对着放两份琴谱，分好句分好段，拿着谱就可以唱。"

　　黄明康口中的俞老，即她的丈夫俞伯荪，著名蜀派古琴大师。两人年龄相差40多岁，但互为知音，俞老2013年以92岁高龄仙逝，黄明康特意弹奏一曲《思归操》送别，并深情地说："你说你最爱这首曲子，我再弹给你听听。"

　　她的古琴生涯从认识俞老开始，琴歌也是因为俞老发现她嗓子条件好，专门指点她练习的。这一唱，就停不下来了。

　　"他教我李白的《峨眉山月歌》，吟唱用的是川剧里'吟哦式'的唱腔。那是李白24岁时第一次出川时留恋家乡景致所作，唱的时候联想起四川的风景，用这种方式唱会觉得格外的婉转悠扬。他还创作过琴剧《鸳鸯弦》，是司马相如和卓文君的故事，把四川扬琴、古琴和琴歌移植到一块儿编排演出。"

　　为了培养黄明康演唱琴歌，俞伯荪煞费苦心。"他常和我讨论琴歌在五声六律和吐字行腔上的细节变化，还总是跟我强调，琴歌毕竟不是民歌，也不是美声，在演唱时不要着重于技巧，而是要琢磨琴的弦中音和歌词的韵味。"俞伯荪酷爱古诗词，为黄明康改编了30多首琴曲，每一首都在旋律或演唱上表现出蜀派古琴的独特之处。

黄明康一再强调，音乐和诗词密不可分。如果要学琴歌，必须进行声乐训练，还需要对诗词有理解能力，这都需要长期积累的功底。弹唱对人的要求较高，在唱的同时还要注意表达曲词的意思、思想，"比如《花非花》这首曲子，一定要有转音，要有那种绕梁三日的唱法，才能唱出那种朦胧美、婉转美"。

提起创作《花非花》，黄明康回忆，当时创作这首曲子，真的是第一次体会到陶醉是什么感觉，唱出来就感觉自己晕乎乎的，像喝醉了一样，身心完全地沉浸在里面，在床上躺了半天才缓过来。创作这首曲子，那种陶醉感是以前从来没体会过的。

琴歌的特色，就如中国人对于情感的表达，讲究的是含蓄美。

"什么是哀而不伤？是那种眼泪在眼眶里打转，但不流出的情感。"黄明康阐释，品曲和品茶一样，讲究的是"品"，慢慢品，抿一口，嚼碎，再咽下去，就比如为1987年版《红楼梦》电视剧作曲的著名作曲家王立平，为《红楼梦》作的曲都是那种能把观众的心揪出来，让观众可以饱含热泪、体会人情百态的，它不一定会让你痛哭流涕，但一定可以洗涤一遍心灵。

"再悲伤的曲子，自己在弹唱的时候都不能掉泪，但要将那种感情展现无遗，要打动观众，要将作者的那种情感，无缺地传达。"

免费开班　普及古琴知识

黄明康期待古琴像围棋、书法、国画那样被广泛地喜欢："古琴表现的深度、广度就如唐诗宋词，可以成为每个中国人的基础知识之一，对社会文化产生深远广阔的影响。因为艺术的本质都一样，古典文化有深度，但又不是高不可攀、深不可测。说古琴并不神秘，但确实是易学难精的艺术。你可以不喜欢，但不能不知道，就像唐诗，你可以不会写诗，但一定听过、读过诗。"

从2006年开始，黄明康和东坡琴社就致力于推广古琴和琴歌，他们多次在北京国家图书馆举办讲座、演奏会，普及古琴文化和基础知识，让更多的人听得到古琴和琴歌的声音。

黄明康就职于成都文化馆，文化馆开办了公共文化服务免费的古琴、洞箫培训班，作为专职音乐辅导老师她每周上一节古琴课和洞箫课，招收群众学古琴，讲授最基础的指法和古琴知识。让更多的人认识古琴，是黄明康的初衷。

除了文化馆的公益授课，她没有收其他学生，她说，最重要的还是想多花时间，去研究古谱，去创作琴歌，多练手。

她拿出几本古琴谱，指着《离骚》对记者解释："一般来说，古书上的一首小曲要编排到能唱，需要两三个月的时间打谱，像《离骚》这样的大曲，则可能需要两三年的时间打谱。"

琴歌古谱的记载是一行词一行谱，中间没有句读。拿到古谱，黄明康要做的第一步就是断句，这就要求打谱者对古文有很深的造诣。断句之后，先试着和音而唱，要对琴吃透，看到一个音，就要能想象出它的声音、声调，但这些古谱古词大部分字多韵少，这就需要后世的人来打谱，有的大曲有很多小段，这个时候就要考虑其整体性，要匹配词和曲，前后要统一，这需要花很多时间。"我经常打谱的时候，觉都睡不着，会一直反复考量。"黄明康说。

但这些辛苦，在琴歌被唱出来的那时刻，就随着美妙的音律而烟消云散了。

这种经过时间打磨出的琴歌技艺，没有一蹴而就的虚飘，是可以听得出功力的。

三岁学琴　儿子继承衣钵

"那就《普庵咒》吧。"俞明辰说。与母亲黄明康的衣服相衬，18岁的俞明辰一身黑色的汉服，高高的个子，和母亲一样爱笑。俞明辰弹琴，黄明康吹箫，一坐一立，吹箫抚琴，宛如画中像。琴声清亮绵远，箫声恬静秀雅，此起彼伏，紧跟相依，令人神往。

琴箫合奏自古以来就被认为是绝配，母子的演奏配合默契。

客厅的墙上，有一幅黑白照片，照片上琴箫合奏的是俞伯荪和黄明康。那一次，弹琴的是黄明康，吹箫的是俞伯荪。那时，黄明康还年轻。

俞伯荪，是蜀派古琴界当之无愧的泰斗级人物。在这样的家庭氛围长大，习练古琴对俞明辰是理所当然的。家学渊源，他从三岁半就开始学习古琴指法，师承父亲母亲。因为学古琴，就不得不学古文，俞明辰从幼儿园起，上学的路上就跟着黄明康念古文，母亲一句他一句，坚持了很多年。

谈起儿子，黄明康笑言："他嘛，没得选择，从小在家里头，我和他的父亲就整天弹琴，来家里的客人、学生也都是这方面的人，所以他从小耳濡目染，也就喜欢上了，在他4岁的时候，就和我们一起登台演出。他有表现欲，也算有些天分，我和俞老就开始往这方面培养他，不过，初中高中还是让他上的普通中学，因为文化课也很重要。"

俞明辰不仅仅师从父亲母亲，有机会他也会前往北京拜师学艺。2017年9月5日，他就前往四川音乐学院报到了。暑假里，他去北京学习了一段时间。因为蜀派古琴本身很有特色，而北方的古琴流派风格别有韵味，去北京学习，是希望自己的琴艺在保有独特的蜀派风格之外，融合更多的色彩。

初中高中选的都是普通中学，这样就意味着，要付出更多的努力和时间。除了练古琴，俞明辰和普通的中学生没什么两样，平时也会打打羽毛球、乒乓球，假期和朋友聚会。

只有弹琴的时候，他那与年龄不相称的沉静气质，让人忘记他还是一个18岁的男孩子。

音乐会那天，俞明辰弹奏了一曲《广陵散》。这首嵇康所作的名曲，讲述战国时期聂政为父报仇刺杀韩相侠累的故事。生死对垒的场景，他弹来激越铿锵，力度之大使得琴凳也颤抖起来，听者仿佛亲临决斗现场。

俞明辰是母亲的好帮手，外出演出推广琴歌，他会积极参与，他与母亲的足迹除了四川，还远至广东、北京等地。

和儿子合奏完，黄明康把话题继续拉回琴歌。2017年4月，黄明康在杜甫草堂演绎了琴歌《春夜喜雨》《茅屋为秋风所破歌》，她希望有更多的机会，把琴歌传播给更多的人。

（本文原载于2017年9月11日《华西都市报》

封面新闻记者：赖芳杰）

皮影戏的美丽与哀愁

眼看他起朱楼，眼看他宴宾客，眼看他楼塌了。

周军知道皮影戏的时候，已属"楼塌"，"朱楼宾客盈门"的胜景，留在父亲过去的故事里。

变迁的时代，流逝的光影，谁还要在昏黄的灯光下，看那投射在幕布上的剪影，听那锣鼓敲击中的一声川剧腔调？

成都市武侯区老马路2号，一个老旧院落，周军的工作室是小时候的卧室，20世纪80年代的房子，没有客厅，进门的地方逼仄，桌子上堆着刻好的皮影，木盒子里是手指长短的刀具。

他坐在椅子上，双手拨动长签，雕刻的小人立即动了起来，栩栩如生，"我祖父就是皮影戏艺人，我们家兄弟三人，我和二哥都是做皮影的。"

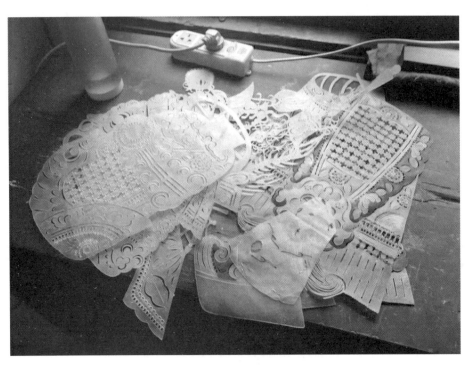

周军雕刻的皮影　受访者供图

祖传三代　兄弟二人都是皮影艺人

在电影《妖猫传》里，每个人心中都有一个盛唐时代，人们在追忆、缅怀、寻找、感慨和怅惘。

在周军的心中，也有一个皮影的"盛唐时代"，在没有电视电影的年代，皮影戏的演出流光溢彩、宾客盈门。

11岁那年，周军第一次感受到了皮影戏与自己的关联。父亲给兄弟们一个很老旧的大箱子。打开一看，是整整一箱子的皮影。"这是家中祖传下来的手艺。"父亲说。

晚清时，周军的祖父是一位皮影戏艺人，曾经走街串巷表演皮影。祖父把手艺传给了父亲，再传到了周军兄弟这里。那些皮影，用纯牛皮，一点一点手工制皮、雕刻，然后着色，周军着迷，哥哥周伟也着迷。

晚清，是皮影发展的全盛时期。成都戏班众多，以"瑞霓班""九成班"最著名。提影能手唐麻子和唱旦角的咕噜、浣花仙，还有唱生角的毛良辰、刘润生等，大名鼎鼎，声震四方。

当时，成都人"午看木肘肘（木偶），晚看皮灯影儿"。皮影在街上、茶园、庙会、会馆、戏院演出，一些人家中，长者或小孩儿生日，也会邀请皮影戏班去表演，皮影戏是老成都人生活的重要组成部分。

大概是受祖父这箱皮影的影响，周家兄弟二人最终都成了皮影戏艺人。自小喜爱画画、书法，对色彩敏感的周伟，在2004年锦里开街后，带着皮影摊子入驻，成为成都向世界展示皮影魅力的窗口，向各地的游客演绎皮影戏。

周军和哥哥周伟并不满足于祖传的技艺，他们相继拜在西安、华阴、阆中和成都木偶皮影剧团的艺术大师门下学习。兜兜转转，周军走上了皮影之路，成为成都皮影市级非遗传承人。

重拾皮影　三个月没有一场演出

周军一开始不是以此为业的。

11岁时，他和哥哥开始学习皮影戏，陆陆续续地学。"自己喜欢，只当是个兴趣，也没法养活自己。"

1998年时，他进了成都最大的一家动画公司，画动画片，主要任务是画线条。人物、景致，有线条的地方，他就要画。

"看过动画电影《梁祝》吗？刘若英唱的主题曲，就是我们公司画的。"周军说。公司有活干时就干活，没活干时就学习皮影戏的制作和演出。那时的中国动画市场，主要业务都是外包，没什么原创。2010年，公司倒闭了，他彻底失业了。

还能做什么呢，试试皮影戏吧。那时，他已经跟着哥哥在艺术大师门下学了很多东西，制作和表演都没什么问题。第一个正式演出的戏目，是三国故事《关羽斩蔡阳》，一个举办学术会议的单位邀请的，在一个酒店的大会议室里演出。

音乐响起，平日所练种种蹦入脑海，双手自然翻覆，平息了所有的紧张和不安。结束以后，他才发现，会议室的门口挤满了酒店的工作人员。"拿了500块酬劳，当时很兴奋，觉得能靠演出挣钱了。"

皮影表演的收入不稳定，刚开始，周军的演出业务基本是哥哥介绍的。最困难的时候，曾经3个月没有一场演出。

在四川皮影界，作为国家级非物质文化遗产的川北王皮影赫赫有名，"王灯影"第七代传承人王彪、王舫兄弟的祖父王文坤，曾于1988年6月带着家庭皮影艺术团前往奥地利参加世界艺术节，在"音乐之都"进行20多天的演出，一时名动维也纳。

2004年，王彪、王舫带着班子在人民公园演出，周军那时候跟着他们学习。"生意很清淡，很贫苦。"后来，兄弟两人回了阆中，给周军留下了《关羽斩蔡阳》《桃山救母》两出戏。

出国交流　把非遗文化带出去

情况是随着演出增多而逐渐好转的，这其中有着深刻的时代原因，自上而下对传统艺术的探索和保护，自下而上对民间文化的哀叹和驻足。

在锦里，周军的哥哥周伟经营着皮影铺子，人们可以观赏、购买成都皮影，也可以欣赏到成都皮影的表演。每年，有几百万来自世界各地的游客经过这十几平方米的摊位，成都皮影艺术逐渐被世界各地的人们了解和认可。

周军的商业演出、皮影制作展示开始越来越多，他经常演出的剧目《关羽斩蔡阳》《桃山救母》《大闹天宫》《哪吒闹海》等，都是具有川西风格的传统皮影戏，唱腔以川剧为主，还有些特技，比如可以表现战场上将敌将斩首的特技；也有新编儿童皮影戏，像《猪八戒吃西瓜》；还有《皮影变脸》，属于创新剧目，在传统的皮影制作工艺上，将皮影表演与川剧变脸融合。

成都"周皮影"的名气大了，除了成都及周边地区，"周皮影"的演出走出了四川，在新加坡和中国台湾、海南、贵州、重庆等地都留下身影。

2011年，周军被评为"优秀民间艺人"，2012年荣获"蜀人蜀艺民间技艺大赛金奖"，2013年被评为"成都皮影市级传承人"。

他时常跟着文化交流团出国交流。2017年底，四川省非遗中心组织团队去蒙古，其中包括剪纸、糖画、竹编、年画、变脸、皮影等，主要任务是进行文化交流，他们在蒙古的首都乌兰巴托前后待了7天。

他也在学校、幼儿园、商场演出，最多的时候一天表演8场戏，"感觉手都要断了"。

文化浸染　在小学教皮影课程

皮影还是那个皮影，创新也有，但有些东西还是变了。

现在的表演，他一个人和一个U盘可以完成。曾经的皮影戏班需要六七个人，如今唱的部分和乐器演奏的部分，都交给了音频。

"为了降低成本，也为了演出方便。"周军说，一场商业演出，一个人的班子只需要六七百元，而五六个人的班子则要几千元，人家不愿意出这个钱，那就没有市场，艺人们要怎么活下去？

他还在一家小学上皮影课程，教孩子们皮影知识，表演皮影。他尝试带着孩子将课本里的故事通过皮影戏表现出来，让几个孩子共同完成表演，除了传统的三国故事、西游故事，也将诗歌通过皮影配乐来表现。

"有人跟你学习吗？"问到这个问题时，他很快回答："有，很多人都很喜欢。"

"有人学习如何制作吗？在课堂上孩子会学习怎么制作吗？"他沉默了几秒，摇了摇头。

做一幅皮影是一件相当细致的精细活，而且工序非常复杂，多达20多道，每一步难度特别大，一个小的失误就会导致前功尽弃。

"现在的孩子都很金贵，万一受伤了怎么办？"年幼时，他和哥哥一起学做皮影，手上曾是一道又一道的口子，现在，这似乎是一件困难的事。

"现在表演皮影，比起以前的年代，可以养活你们了吗？"

"可以了。"他坦率地回答。

周军说，对这门艺术的坚持，除了幼年时的熏陶，还有血液里对这门流传千年的传统技艺的喜欢、热爱和责任感。

大概，也有人生的诸多逼迫、抉择。或许，大师们本就人多出自市井里，也受到生活的诸多裹挟。

推开工作室的窗户，楼下院子有一树桃花含苞模样，并未绽放，但在阳光下还是明艳艳的。

（本文原载于2018年1月22日《华西都市报》
封面新闻记者：谢燃岸、罗田怡）

成都62岁灯语者
30年寻3000盏古灯

年过花甲的姚宇林，花了半辈子去寻灯。

从北京潘家园，再到成都猛追湾，以及国内外的知名古玩地，他花费了30多年去寻找、收藏古今中外的各式灯盏，试图在灯影里解读历史的繁华与落寞。

2016年12月10日晚，成都金牛区金府路附近，62岁的姚宇林伏案写字。风一吹，屋里的灯影摇晃起来，显得愈发明亮。这灯光来自一盏油灯，灯盏的古朴造型和纹路，显出了它所经历的时光。

这样的灯盏器皿，姚宇林还有3000余件，大多陈列在他的公益博物馆里。从战国时期的豆形灯、秦朝的青铜灯、唐代的瓷器灯、明代的玉石灯，再到民国盛行的煤油灯等，跨越千年历史相聚一堂。

一人藏千灯　述古今辉煌

"以前的老屋，只有30多平方米，上下都挂着灯。"姚宇林头发花白，语速平缓，微弓腰杆，悠然检查每盏古灯。

金府路上的这家民间古灯博物馆，馆长就是姚宇林。这里面大多数藏品，都是他花费半生心血找到的。

"灯的历史可追溯到远古，人类高举的第一把火炬，便是灯最初的形态。"姚宇林站在一排石灯、贝灯之前说，古人后来用有凹陷的石头，或者贝壳，装上动物脂肪，便有了固定的灯具。

姚宇林说，借着灯火的光，祖先不再惧怕黑夜，并且能在岩洞之中，刻下各式图案和传说。再往里走，便是博物馆收藏的陶灯，当中的豆形灯，则是现今台灯的"鼻祖"，对后世的影响颇深。此外，各朝各代的木灯、玉灯、瓷灯，甚至国外的马灯、战场照明灯，都能在这里一一见到。

儿时老油灯　开启寻灯路

如今，姚宇林虽已坐拥千盏古灯，最牵挂的却是一盏老油灯。"这是我收藏的第一盏灯。"1981年，在成都入伍8年之后，他第一次回河南老家探亲。老家变化很大，在一个角落里，他发现一盏灰尘满布的土油灯。

"小时候，家里就是靠这个照明的。"拿着老灯，姚宇林想起小时候，他借着这盏灯写字、母亲在一旁缝作业本的场景，"这次探亲在家待的时间不长，离开时我用布把灯盏包好，带到了成都。"

"开始四处收藏灯，其实也是个偶然。"姚宇林从老家回来后，有次路过猛追湾，地摊上有盏造型奇特的灯吸引了他，最后花了几百元买到。

也是从那以后，他的寻灯、求灯路便一发不可收。从成都的猛追湾，到北京的潘家园，甚至国外的古玩市场，都有他寻灯的身影。

钟爱省油灯　或于邛崃造

30余年时光，他的藏灯愈发丰富。"博物馆展出的藏品，大约只占我收藏

姚宇林和他收藏的灯 杨涛摄影

的一半。"姚宇林说，包括古灯、磨具、老烛，藏品已达3000余件，还有20余万字的相关资料。

"随着历史发展，灯从最初的照明之用，衍生出了艺术观赏以及更多用途。"姚宇林介绍，比如一款吸蚊灯，灯芯在最下方，侧面和上面都有缺口，"灯点燃后，内部压力变化，会将靠近侧面缺口的蚊虫'吸'入灯中焚烧掉"。

他还尤为钟爱"省油灯"。"某某不是盏省油的灯，这句话常被人挂在嘴边，但出处却无从查找。"姚宇林说，省油灯的确存在，馆内就有收藏，"与其他灯不同，省油灯下方有壶嘴，灯盏下是空的。"据他考证，最早的省油灯，极可能出自成都邛崃，"从壶口往底部注水，使灯盏有水冷效果，降低油温，减少消耗，从而达到省油之效"。

灯藏西夏文　引专家称赞

2000年前后，他曾在内蒙古出差，被一款青铜如意柄盏形灯吸引。"老板当时要价很高。"由于囊中羞涩，姚宇林没能将灯带回来，只拍了些照片留念，"回到成都后，几乎是茶饭不思，每天都念着那盏灯"。

他分析，根据上面的图案，这绝不是中原产物，可以断定年代在宋代，最不平凡的是，这个灯盏上有几个文字，"认不出来，后来懂行的朋友看后，怀疑是西夏文字。"

几个月后，他再次来到内蒙古，直奔这家古董店。老姚的诚恳最终打动了店老板，以最初的收购价转给他。"我向她承诺，终有一天，我会办一家古灯博物馆，这件物品一定放在重要位置。"如今，这件古灯陈放在博物馆，引来了众多中外专家、各界名流前来研究，"可以确定的是，上面的文字确为西夏文，只是还未研究出到底是什么意思。"

集齐十二生肖　盼走出国门

这样的收藏经历，姚宇林还有很多。

"最难得的，还是收集十二生肖的灯具。"10多年前，他在北方一处古玩市场，见到一只有些残破的兔白瓷灯盏，"这是个生肖，于是便萌生了集齐一套的想法。"

然而收集过程并不顺利，甚至几年都没见到一个。"有的是现代仿品，收集起来没什么意思，我要的是不同年代的生肖。"

"例如这个蛇形青铜灯盏，查阅资料后估计，极可能是古时候西域的产物。"姚宇林说，最老的在宋代之前，最年轻的是现代的狗形灯，"跨越千年的十二生肖，才算收集完成。"

2014年，在热心人的帮助下，老姚的民间古灯博物馆——成都宇曜古灯文化博物馆开馆。此后，他还在多地办过几场展览，他说："现在最大的心愿，是能带着这些中国文化的灯，走出国门展出。"

（本文原载于2017年1月2日《华西都市报》

封面新闻记者：杨力）

城市里，他们遥望着雪山

2017年6月5日，当37座壮美雪峰拼在一张长图上，迅速刷爆成都人的朋友圈。有摄友欣喜地表示："成都，能够看到7000米以上级雪山"。

在成都主城区，能看到直线距离240公里外的"蜀山之王"，那是绝对的惊喜，贡嘎山的傲然雪峰，充满着浪漫的诗意。

贡嘎山的惊喜，不仅仅属于专业的长焦镜头，也属于爱在城区拍雪峰的观山达人。如何完美约会"蜀山之王"贡嘎雪山？成都哪个方向是观雪山最佳地点？多少层楼的高度适合拍雪山美景？学霸级的观山达人赵华、坚守近10年的城市雪山拍摄达人田相和，为大家分享经验。

凌晨登高膜拜"蜀山之王"

风景常有，而与风景的缘分却不那么确定。不管你是否能远眺到，雪山一直在那里。

2017年6月4日，成都的小雨淅淅沥沥下了一天，一直到下午6点还没有停，天边却逐渐亮了起来。云层背后破出了蓝天，还有转瞬即逝的晚霞、云洞、彩虹等景观，夜间空气质量极佳，星汉灿烂，皓月穿行。

"明天大家早点起来，必然有壮观雪山！"微信公众号"在成都遥望雪山"紧急发了一篇推文，对次日的雪山景观做了大胆预测，并预测了记录贡嘎山的可能。这是个因为热爱雪山而聚在一块儿的团体，是一群追逐雪山的爱好者，往返于城市和山野之间，拍摄雪山、研究雪山，是地道的雪山迷。

家住温江的田相和，这一夜没敢睡太沉。6月5日凌晨4点过，闹钟还没响，田相和就醒了。起身登上楼顶，天还没亮，他接着回去眯了一会儿。

到了凌晨5点，田相和出动了。他奔向早已物色好的拍摄地——紧挨国色天乡的一处高楼。

之所以选择国色天乡为拍摄地，是因为此处视野开阔，前景中会出现摩天轮等充满都市元素的景物，通过长焦将雪山拉近，老田觉得，这是城市眺望雪山的仪式感。

就在老田激动地调试相机的同时，全成都的雪山迷正在同步膜拜"蜀山之王"贡嘎山。"锦城夜雨"蹲守在光华大道三段，杨波守在蒲江的高处，资深拍客邱寒则在郫都区瞄准。

"咔嚓、咔嚓"，快门在抢时间。不到3分钟，老田完成了多图拍摄。很快，群里面，雪山迷们开始互相欣赏"战果"。

老田的7张雪山图，组成了一张长图。四川农业大学地理专业的学生小芈，帮他标注了图中37座雪峰的名称和海拔。

蜀中雪山，再次惊艳全球。

窗前雪山并非海市蜃楼

千年前，杜甫就曾吟诵"窗含西岭千秋雪"，这也成为成都特有的奇观，但不少人依旧带有疑惑，网友"文昌星"就是其中一员："雨后的早晨，驻足

2016年9月，成都最高峰"大雪塘"。 田相和摄影

窗前看见雪山，那会不会是远方的云，或是海市蜃楼？"出差成都，亲眼看见雪山奇观后，"文昌星"有点不敢相信，所闻所见真是雪山吗？

学霸级观山达人赵华解答了这个疑惑。2008年，网友"sckcd"在清晨雨后的成都拍到一幅雪山图，但那是雪山还是海市蜃楼一时间众说纷纭，赵华较真了，以谷歌地图做工具，他开始论证起在成都主城观赏雪山的可行性。

搜索、作图、演算……根据照片上雪山和成都的标志，赵华在谷歌地图上标明方位，再经过双向定位、距离测量和影像光学计算，他惊喜地发现照片中的雪山，竟然就是距离成都120公里的四姑娘山幺妹峰，这也证实了如"文昌星"一般看到的并非海市蜃楼，而是实实在在的雪山景观。

既然在成都能看到海拔6250米的幺妹峰，那么海拔7556米的贡嘎山呢？赵华开始了假设与求证。

通过谷歌地球模拟、地图测量和遥望雪山高度角的计算，赵华发现，贡嘎山和成都虽然隔着240公里的直线距离，但两者之间视线并无遮挡，幺妹峰和贡嘎山方位又分别位于成都西偏北和西偏南约27度，而贡嘎山的视角高度大约为幺妹峰的三分之一，"成都在气象条件允许的情况下既然能看到幺妹峰，那么目击贡嘎山也是可行的"。

摄友成功"围猎"贡嘎山

即便有严密的论证过程，赵华也不敢妄下定论，更何况成都距离贡嘎山还有240公里的直线距离，区间还要受雨、云、雾、霾等环境和气象条件的影响，想一睹贡嘎山的风采，还真是可遇不可求。

2016年7月，网友"徒步游天涯"曾在龙泉山目击并拍摄到了贡嘎山，其高度角、方位、形状等都与赵华的计算值非常接近。"但这次的拍摄有点侥幸。"赵华解释，因为龙泉地处成都远郊，而山上地势也高，比成都市区捕获贡嘎山有更优越的自然条件，成都主城区真的能捕获到贡嘎山的身影吗？

这个谜团在2017年"世界环境日"揭开了。6月5日，有备而来的摄影爱好者正对着遥远的雪山群像兴奋不已，西南方向，一段连绵起伏的群山轮廓映入眼帘。"这是贡嘎山！"当天，成都多名观山爱好者在郫都区、光华大道三段等地都拍到了贡嘎山的真身。

"实在是太幸运了。"赵华感慨连连，贡嘎山的露脸不仅证实了他论证的可行性，也让当天的观山人收获满满，而贡嘎山的捕获与当天的气候条件也是分不开的。

头天傍晚的成都，经过两天大雨后天空放晴，出现了云洞、晚霞和彩虹景观，空气质量绝佳。为了拍到雪山，不少摄影爱好者6月5日清晨5点就背着设备出门了，准备从各个角度"围猎"贡嘎山，才有了这张刷爆成都人朋友圈的史诗级贡嘎山雪景图。

这张长图由27张照片拼接而成，层峦叠嶂下，240公里外的贡嘎山轮廓清晰可见，天空、雪山和城市相映生辉，成都也升级为唯一能看到7000米以上雪山的大城市。

日出前后观山概率大大增加

"横看成岭侧成峰，远近高低各不同。"无须置身山中却能远观山的巍峨，与近处的城市相映成趣，烟火缭绕又缥缈俊逸，可要瞧见这番景象并非易事，赵华透露了看雪山的诀窍。

成都地处四川盆地西南缘，水汽丰富、晴天少、多阴雨，能见度较低，市民若想肉眼看到雪山，一定要趁着空气好、能见度高的气候条件，例如大雨放晴又恰好遇上大风，水汽和雾霾被吹散，这时看到雪山的概率就会大大增加。

观山的方位和地点也有讲究，"雪山都在西边，所以要尽可能选择西方和西北方向"。田相和提到，除了方位，观山也讲究"登高望远"，要选择无遮挡的高空来避开地面附近的雾霾层，比如高层住宅的楼顶、塔台、山坡，这样群山景象看起来才会更清晰。

一天当中，数清晨的空气最清新，天空一片澄澈时看到雪山的可能性也最大，观山的最佳时段则是日出前半小时到日出后的1小时，这时雪山的细节都能看清楚。幸运的时候碰见能见度特别好的观赏条件，整天都是看雪山的好时机。当然也有不少下午看到雪山的情况，但通常是上午大雨下午放晴的少数时候。不过，由于雪山都在西边，要想看到日照金山的盛况，只能选择清晨。

"我一般使用中长焦镜头拍摄雪山，主要就是为了在拉近雪山的同时，把城市的生态、建筑等风光也一起框进画面。"田相和介绍，9年过去，自己一直坚持着同一个主题，就是雪山与建筑的结合，在不同的天气下，呈现出雪山更加全面、更加细致的美——有晴空万里下的雪山、有蓝天白云中的雪山，还有彩云朝霞环绕的雪山。

总的来说就是三点：第一是提前选好拍摄雪山的位置。美景总是一闪而过，如果不提前准备很有可能就会错过，更重要的是需要在拍摄之前构思好前景的内容。第二是看天气，首先要查好天气预报，不要错过最佳的拍摄时机。第三是天空曝光尽量要准确，因为很多色彩都是通过天空色彩的变化来表现的。

（本文原载于2017年6月12日《华西都市报》

封面新闻记者：赖芳杰、秦怡）

神奇「摄」出《山海经》
「90后」摄影师

　　去除翅膀和须足，仍有80斤的南海蝴蝶；神色温柔洁净，出现必引发大水的神兽夫诸；人面而鱼身，泣泪能出珍珠的鲛人；长尾赤如丹火，叫声如同在呼唤自己名字的奇鸟鸰……这些看似荒诞怪异的神怪异兽，皆出现于古籍《山海经》之中。而在成都，却有一位年轻的女摄影师焕焕，用自己独特的光影手段，创造出了别有意趣的异兽世界。

　　焕焕，原名陈馨，但在摄影圈中，大家都爱称她"焕爷"。见到焕焕的那天，是一个阳光明媚的午后，这位"90后"姑娘，浑身洋溢着青春的气息，虽然年龄不大，在业界却早已小有名气。

　　焕焕所做的，是基于古籍记载，又能体现现代美感的主题摄影，她选择了将神兽拟人化的方式，来呈现她心中对于《山海经》的遐想。作品中，我们也能看到造型各异的模特——有的额头生出4只鹿角；有的背上长着棱角；有的头上插满红色的羽毛。

　　焕焕经常将《山海经》中的模特亲切地称为"小

妖精"。"我们用人物的方式展现神兽，让它们多了灵性、思想和情感。同时也注入了时尚元素，让它更符合现代的审美。"焕焕说。

为了能够高度还原古籍中神兽的特征，焕焕之前将《山海经》翻来覆去看了不知多少遍。不仅如此，只要是记载奇珍异兽的古籍，或是与《山海经》相关的书，焕焕都会买来研究。比如，要拍一组照片或者一只神兽之前，不光要了解它最基本的体态特征，还需要研究它的生长环境，要知道它的生活习性。

"鸟首而鱼尾" 靠科技再现神兽特征

从开始《山海经》这个主题的拍摄至今，焕焕已数不清拍了有多少只神怪异兽了，但只要一提起某些神兽的特征来，她依然能将《山海经》中相关记载倒背如流。

焕焕在接受我们采访的前一天，还在德阳的九顶山上拍摄最新一期的《山海经》，其中的主角，是一只"鸟首而鱼翼鱼尾"的怪鱼。光是制作带有鱼鳞感觉的服装，就已经让焕焕心力交瘁了。"首先要找和鱼鳞感觉相似的衣料，还要考虑颜色、考虑鳞片的大小。再加上鳞片的裁剪和做都非常麻烦，很容易弄坏掉。"

身体的辛苦都能忍受，但是每次买布料时的"肉痛"，还是让她直呼受不了。焕焕现在基本是在淘宝上买布料，而网上都是按照0.1米的价格售卖。"像我们拍的这类古风的主题，一套服装下来至少6米的布料，光布料都要上千元。"焕焕心疼道，"缝纫时还不能剪错了，不然只有重新买。"

好不容易把服装弄好了，还得忙着制作头饰——这只怪鱼，还长着鸟一般的头。"首先，羽毛的颜色和感觉要与服装相搭。但是羽毛的种类也有很多呀，有细的有粗的，有硬的有软的，你都要买下来，一一挑选组装。"为了做那个头饰，焕焕从下午3点弄到晚上11点，在工作室站了差不多8个小时，最后还是在朋友的帮助下才完成。

这些还只是焕焕在拍摄过程中的前期工作，只是步骤中很小的一环，就已经如此耗费财力和物力。当然，在道具的制作上，焕焕还是用了很多"黑科

《山海经》之青丘国九尾狐："青丘国在其北，其狐四足九尾。"　受访者供图

技"的，其中就包含了现在被广泛讨论的3D打印技术。

《山海经·中山经》中关于上古神兽"夫诸"的记载是："其状如白鹿而四角，见则其邑大水。"在焕焕以"夫诸"为主题的照片中也可以看到，神色洁净温柔的模特面容几乎雪白，而她的额头上，所出现的4只鹿角，皆是用3D打印机打印出来的。

不光如此，焕焕还以一只名唤"乘黄"的神兽为主题拍摄了照片，古籍中描述"其状如狐，其背上有角，乘之寿二千岁"。为了将其神韵还原到模特身上，焕焕用3D打印机打出7个棱角，一个个地粘到了模特的背脊上。

"古籍中所写到的关于神兽的特征，比如牛角、鹿角之类的，都很难在市面上买到我心中所设想的。所以现在，都是我先把道具的图纸设计出来，再拜托助手用3D打印机做出来。像是夫诸头上的那4只鹿角，就打坏过很多次。"为了能做出还原度更高的道具，现在焕焕在考虑购置一台更好的打印机设备了。

跋涉上千里　还原神兽生长环境

《山海经·西山经》中有载："又西百八十里，曰黄山，无草木，多竹箭。盼水出焉，西流注于赤水，其中多玉。有兽焉，其状如牛，而苍黑大目，其名曰㸲。"讲的是名为"㸲"的这种野兽，遍体青黑色，生长在没有花草树木，却有很多竹丛的黄山。盼水从这里发源，然后向西流入赤水，水中有很多玉石。

"在拍摄时，最难的就是还原神兽生长的环境，就像这个㸲。首先我们需要找一个寸草不生的荒山，还得有水源，同时要体现这个地方多玉。其他的还好，'多玉'应该怎样去表达呢？只有不停地去野外找与之符合的景，我们再在其中摆放上玉石来还原古籍中的描述。"焕焕回想起当时的场景，语气中还是带着些许的苦恼。

2017年，为了找寻与古籍中描述吻合的拍摄地，焕焕的脚步从未歇下过，最远一次走到了甘肃省敦煌市，历经14天的旅程，在一片茫茫的戈壁滩中完成了她两组作品：《山海经》中的青丘国九尾狐和《岭南异物志》中的南海蝴蝶。

"其实有关南海蝴蝶的记载，并不出于《山海经》，而是来自《岭南异物志》，它也算《山海经》的一个'分支'。我也希望我的拍摄不仅仅局限于那本书，而是所有古籍中所有的神怪异兽。"《岭南异物志》中有载南海蝴蝶，有人曾捕之，去掉其翅膀和须足，仍有八十斤，极其鲜美。焕焕几乎是在看到文字描述的那一刻，决定了要到戈壁滩中拍摄。

"南海蝴蝶是巨型的蝴蝶，书中写它去掉翅膀和须足都有80斤，那肯定需要一个空旷的地方。而且我认为，它是一个美丽少女的形象。"照片中，身着彩衣的少女对镜自怜，漫天的蝴蝶飞舞在她的身边，而在她的身后，却是一望无际的苍茫戈壁。在落日的余晖中，她显得如此渺小和孤独。这一组照片，也是焕焕满意度最高的作品。在她的微博中，焕焕将这组照片置顶在个人首页之上，被网友转发了上千条。

照片看起来美轮美奂，但作品背后的故事，更加令人惊心动魄。在这次的行程中，焕焕不光拍摄了"南海蝴蝶"的主题作品，也以青丘国九尾狐为原型拍摄了照片。光是两组作品的道具，就已经把车里里外外塞了个遍。"我订了9

焕焕在拍摄 *受访者供图*

条尾巴，而且每条尾巴都是1.2米的长度，你可以想象有多大的体积。我们是开的一辆SUV过去，不光是车顶上，连后座和后备厢都被道具挤满了。"

"拍九尾狐那组照片时，我们选择了一片胡杨林为背景。但是那片胡杨林本来就很偏僻，连路都没有，完全是凭感觉找过去的，跟着大货车碾出来的路走。结果后来被困在原地，因为那条路我们的车爬不上，只有大货车才可以过。"回忆起这些事情，焕焕哈哈大笑起来。

拒绝商业化　人物摄影是心中宝地

在焕焕的微博上，有将近5万的粉丝，关于神兽题材的写真作品，最多被转发了上千条。每天，她都会收到不计其数的私信，大多数的内容都如出一辙：出钱邀请她拍摄人物写真。而焕焕的态度一直都很坚决，那就是不拍。"我在微博上早就说过，不接商业的人物写真拍摄，但还是有很多人给我发私信。"

焕焕接触摄影只有几年的时间。没想到阴错阳差，她成了一名职业摄影师。"我本来是画插画的，机缘巧合跟着一位朋友学了摄影，当时完全没有想过用这个养活自己，后来就慢慢发展成了职业。现在主要帮公司拍一些产品的画报，而人物写真完全是我的私人爱好，我不想把它变成工作。"

"像模特之类的，都是拍之前在网上先约好。他们也是出于帮忙的性质，大家一起来完成这组作品，也没有什么费用。"通过摄影，焕焕结交了不少志同道合的朋友，而模特，就是其中的绝大部分。焕焕表示，模特是最辛苦的角色。"像在拍'乘黄'这只神兽时，书中的记载它的体貌特征是'白身披发'。当时模特就用颜料把身上全部涂白了，没有用后期来做，洗的时候都搓掉好几层颜料。"不仅仅是模特，连化妆师也是通过这种方式来召集。如果实在约不到，她就自己上。

焕焕现在大概一个月就会出一次有关神兽类的主题作品，而拍摄所需的金额也高低不等。最低的话就两千块左右，而最高花到了上万块。"去敦煌拍摄的一次应该是最贵的了，大概花了一万六，因为前后加起来总共耗了十四天。"对于这项"昂贵"的爱好，焕焕也表示，现在的收入能够支撑她继续做下去，"家里人多多少少有点不理解吧，他们更想我拥有一份稳定的工作。"说起家人对摄影师职业的看法，焕焕稍显苦恼。

在摄影圈中，能坚持下来的人太少，而当初与焕焕交好的那些摄影师，有的渐渐销声匿迹，有的甚至卖掉了相机镜头，彻底告别了这个圈子。"更多的是经济上的影响，这个没有办法支撑自己的生活。"

虽说摄影只是爱好，但是焕焕却将其发展成了职业。而关于神兽的主题拍摄原本也只是出于兴趣，却渐渐受到越来越多的瞩目。

焕焕的摄影之路，一路走来也是误打误撞，歪打正着。"现在关于《山海经》的这个系列，我已经跟人民邮电出版社签了合同，大概七八月份就会出一本摄影集，到时候还会有全国巡回签售会。"焕焕说起这些时，总是懵懵懂懂、云淡风轻。

"我们最近打算以二十四节气为主题拍摄系列写真，还是用的拟人化方式，让不同的模特来展示节气之间的特征。"焕焕向记者描述心中的蓝图，"不管是《山海经》，还是二十四节气，抑或是其他的主题拍摄。我都想通过这种方式，让更多的人看到中国的传统文化。"

爱听神兽传说　为拍摄阅遍志怪古籍

焕焕对神怪异兽的兴趣，皆来自她的奶奶。用她自己的话讲，奶奶虽不是一位知识分子，却对神兽的传说十分了解，很多故事可以说张口就来。焕焕受奶奶的影响，从小就被这些奇珍异兽的故事熏陶。"我奶奶跟我讲的这些故事，不一定就是《山海经》。但她告诉我的，比如我们所生活的大地之上是有神灵的，要心怀敬畏；比如小时候走路蹦蹦跳跳，她告诫我这样会惊扰大地之神。现在长大了，知道其中有一些在现在看来是没有科学依据的，但是她跟我讲的很多关于神兽的传说，还是深深印在了我脑海中。"

"后来我看到《山海经》的时候，才发现其中的很多故事，与我奶奶跟我讲的真是很吻合呢。"在大学期间，寝室里的同学一起夜谈时，焕焕也总爱讲《山海经》中的奇闻，但室友们并不买账。"她们觉得太荒诞了。她们不知道，其实这些神兽都是出自古籍《山海经》。"难被理解，焕焕感到惋惜，"那么好的一本古籍，记载了那么多的奇异怪兽。但很多年轻人，好像都不愿意去看了。"

也许是从小对神兽传说的耳濡目染，也许是希望有更多年轻人能看到《山海经》中的故事，焕焕在决定拍摄这类主题时，几乎没有犹豫过。

"拍《山海经》的这个想法是很早之前就有了的，但是我要拍，我就想认真地拍，不会把这个事情糊弄过去。"敢想敢做，率性而为，焕焕继承了"川妹子"性格中的典型特征：既然要做，就一定要做到满意。

有想法很容易，但行动起来可不是喊口号那么简单。《山海经》作为一本古籍，其中描写的部分神兽，本就是古人对一些未知事物的理解和想象，是不存在于现实之中的。而爱较真的焕焕，偏偏要还原古籍中对神兽的描述。"其实，在我们之前，也陆续有人拍过《山海经》。但他们可能就是穿一套古装，借鉴一点古籍中的元素，就说是拍了《山海经》了。但是你看书中，对这些神兽都有很详细的描述记载，比如它的生长环境和体貌神态等，我不想拍成那个样子。"

（本文原载于2018年1月30日《华西都市报》

封面新闻记者：李雨心）

追星星的人："90后"辞职当专职星空摄影师

2017年8月12日晚，一年里最普通的一天，一群成都人，驱车数百公里，只为一场浪漫的邂逅。这一晚，北半球三大流星雨之一的英仙座流星雨现身苍穹。

夜深、人静，黑丝绒般的天空中，一颗颗幽亮的星星镶嵌其中。不经意间，一颗星星调皮地"蹦"了出来，留下一条长长的尾巴。

"咔嚓"一声，这唯美的一幕被相机捕捉。"能拍到好照片，跑再远，等再久，也值了。"那一晚，"追星族"成员之一的阿五说道。

阿五，来自成都的一位"90后"星空摄影师。2014年，他辞去工作，绕着地球"追星"。

在成都，这样的"疯狂追星族"还不少，曾阳也是其中一位。他曾为观看几小时的金星凌日，足足准备两个月；也曾在近0℃的气温下一边发抖一边记录数据，理由很简单："我喜欢在星空下的感觉。"

四飞新西兰　追到大小麦哲伦星云

英仙座流星雨是最可靠的流星雨，它与地球有个约定，每年8月，都不会缺席。

2017年8月11日，阿五和妻子文杰驱车500多公里，从成都到九曲黄河第一弯，只为这场浪漫的邂逅。这已是阿五连续第三年拍英仙座流星雨了，他说："2015年是在张掖，恰好赶上；去年在四姑娘山，临时的决定；今年，算是最认真的一次。"

12日下午，阿五早早出发，爬了一个小时的山，到达拍摄点踩点，确定要拍什么方位，怎么构图比较好看。

原因很简单：天气好，看到流星的概率比较大。晚上9点半，天空完全暗下来了，抬头仰望，一条乳白色的亮带十分清晰，偶尔一颗流星从空中滑落。

8月12日晚上11点到13日凌晨2点，英仙座流星雨达到峰值。然而，就在12日晚上11点，月亮升起来了，原本寂静的天空，突然亮起一盏瓦数极高的"探照灯"，星星们害羞地躲起来了。

因为月亮的插足，观星效果大打折扣，经过调整曝光：宁静的河水，曲曲折折，蜿蜒至远方，上空，一颗颗流星划过，留下长长的尾巴……"五个半小时的等待也算没有白费。"

阿五是"追星族"中的红人。2014年12月，他在巴郎山拍下的双子座流星雨的照片，还曾登上了美国国家航空航天局（NASA）每日一天文图（APOD）网页。该网页从1995年起专注向世界天文爱好者每天展示一张天文图片，在天文爱好圈中地位非常高。

摄影师阿五，其实是"半路出家"。他学的计算机专业，毕业后先后做过销售、设计工作。2013年和朋友的泸沽湖之旅，他被天空中的繁星惊艳到，拿出手里的卡片机一阵狂拍："然而，什么都拍不到。"

正是这次惨败的经历，勾起了他的"追星欲"。回家后，他便买了人生中第一部单反。

2014年4月，阿五做出了一个大胆的决定：辞去当时在广告公司的工作，当一个专职星空摄影师。

2016年，在四姑娘山上拍到的流星。 受访者供图

此后的3年里，阿五为了"追星"，满世界飞，一年有大半的时间都在路上。省内的甘孜、阿坝、凉山；国内的西藏、青海、甘肃；国外的新西兰、美国夏威夷、日本冲绳等。

2017年7月12日，阿五才刚从新西兰"追星"回来，这是他第四次去新西兰，"南半球可以看到很多北半球看不到的星星，比如大小麦哲伦星云。"

牛背山之旅 他追到了一生最爱

在路上，听起来很酷，而在那一张张令人惊艳的照片背后，往往都藏着一些心酸的故事。

这次去新西兰，天公不作美，一个月的时间里，有半个月都在下雨。为了见缝插针地拍星，阿五和妻子文杰几乎在车上度过，遇上阴云捣乱，就要开着车追云洞；一看到哪里云层漏了一块出来，就开车"狂奔"几十里甚至上百公里。期待的心情过后，更多的是疲惫。

一次在川西拍星，湖面突然起了大雾。还未拍下满意照片的阿五不死心，为了穿过大雾，他决定摸黑爬山。背着几十斤重的设备，踩在结了冰的山路上，两个小时后终于到达山顶，此时已是凌晨五点半，星空没了，却与日出来了个不期而遇。

和英仙座流星雨一样，12月的双子座流星雨也是一场盛会。除了要和天气斗智斗勇，拍星的过程中，要打的"怪兽"还不少。

你在对着天空追星，而地上的野狗却在追你。2014年5月，在西藏纳木错，由于前一天吹了点风，一向很适应高原环境的阿五竟出现了高反。为了不错过这次机会，他一边吐一边拍，拍到了凌晨两点。返程的路上，由于天太黑，一行人迷了路，身后还有一群野狗狂叫。"现在想想还蛮危险的。"

追星三年多，阿五获奖无数。不过，对于他来说，"追星"得到的最大的"奖"，是身边的妻子文杰。"能够这样一心一意地到处去拍星星，没有家人的支持是不可能实现的。"

文杰也是个旅游和摄影爱好者，2013年，两人在犍为之旅中认识，互加了微博。2013年底，两人又在牛背山相遇，阿五无意间拍下了一张文杰站在星空下的照片。正是这张照片，成了两人的"媒人"。此后，阿五常邀请文杰四处观星，两人渐渐走到了一起。

虽然同样爱好摄影，但文杰更多的是扮演贤内助的角色。"一个家里出一个摄影师就够了，我当好后勤部长。"每次出去"追星"，文杰全力负责好吃、住、行，让阿五没有后顾之忧。她也会彻夜陪着阿五去守星星："这是属于我们的浪漫吧。"

跨越四川东西向　追逐金星凌日

2017年8月12日晚，对于曾阳来说，也是一个不眠夜。曾阳是四川省天文科普学会副会长，那天晚上，他和同事们扛着重达几十斤的"武器"——天文望远镜和赤道仪，在峨眉山金顶进行观测、记录。

这已不知是曾阳多少次仰望星空了。第一次仰望星空，是他七八岁。那是一个暑假，他跟着妈妈去重庆四面山玩，住在一个农家院子里。"晚上一出门，满天繁星，从来没见过这么美的天空。"那一晚，妈妈陪他在外面坐了一夜。

回到家后，曾阳和妈妈立下个约定：下次考试双百分，就买一个望远镜。就这样，曾阳有了人生中第一台望远镜——这台只能看见月亮的望远镜，开启了他追逐星空的大门。

2009年大学毕业后，一次机缘巧合下，曾阳认识了一群志同道合的朋友，开始真正走上"追星"之路。

为了想看星星跑几百、上千公里的疯狂事情，曾阳没少干过。很多人觉得，这是"浪漫主义"。"在星空下是很浪漫，但看星星的同时，我们还要记录，之后要对一大堆数据进行研究分析，这一切，是很枯燥的。"

虽然这样说，曾阳却时常在努力将这些枯燥的工作变得尽可能浪漫。冬季在若尔盖的基地观星，其实完全可以在室内进行，然而，他非要将电脑搬到室外。室外气温近0℃，他裹着被子瑟瑟发抖，操作电脑的手也被冻僵，"因为喜欢在星空下的这种感觉"。

除了日常性的观星，曾阳和小伙伴们更是不放过任何一个重要天象。

2012年6月6日，天空上演"金星凌日"，人们在地球上，看见金星像一个小黑点，缓慢从太阳表面掠过。这一天象，每个世纪只有两次，在此之前，2004年发生过，如果错过了这次，想要再看到，要等到2117年。

"既然这种一生难遇的天象，被我们遇到了，就不能错过。"为了这"一生一次"的短短几小时的观测，曾阳和小伙伴一行13人，早在两个月前就开始准备了。

通过谷歌地图，一行人定下了10多个视线较佳的地点，最终定哪一个，还要天气说了算。距离金星凌日还有一段时间，天气预报无法精准，他们只能随时关注云图，他们还去查了各地的气象资料，6月6日，各地降雨、晴天的概率。

一系列烦琐的工作，最终确定了4个备选地点：位于川东的万源八台山、西南方向的峨眉山金顶，以及川西的新都桥、凉山州德昌县。此时，距离6月6日金星凌日不到一个月。一行人兵分两路，从成都出发，分别前往两个备选地点，对当地地形、光线等进行实地考察。

几经波折，最终，观测地点定在了凉山州德昌县。2017年6月6日上午，看到一颗"小黑痣"从太阳脸上幻化划过，一群人异常兴奋，感觉一切努力都值了。

梦想传承　最小"追星者"仅13岁

不仅自己追星，曾阳也像一般的"追星迷妹"一样，向周围的人"安利"起自己的"偶像"。

曾阳和省天文科普学会的小伙伴们走进校园、走进社区，向更多人介绍头顶上的星空。在攀枝花方山，他们还建立了专门的天文观测点，用于天文科普级观测。就在2017年10月，若尔盖的观测点也将开放，"都是免费开放给大众的"。

慢慢地，在曾阳身边，像他一样的"追星族"多了起来。2017年8月12日晚上，在峨眉山金顶的"追星大军"中，一个13岁的小男孩被"围观"了。小男孩叫赵界为，还没上初二，当天，他却当起了小老师，向不少成年人介绍起流星。

2012年，赵界为在一次讲座中认识了曾阳，并从此开始"追星"之路。他到云南天文台跟着一位专家体验了一次科研生活，回来后，他告诉曾阳："这就是我想要的生活。"听到这句话，曾阳愣了两秒。对他来说，这或许就是继续追星、继续科普的最大意义和动力。

（本文原载于2017年8月21日《华西都市报》

封面新闻记者：吴冰清）

极地摄影师：风浪中淬炼人生

她曾是一名媒体人，如果不做改变，她可能会在媒体行业管理层岗位"平静以终老"。然而，一次偶然经历让她踏上了极地摄影的道路，天生爱冒险的她选择的拍摄地也很刺激：北极、南极、非洲。

十年时间，她两次去北极，四次去南极，五次去非洲，拍下无数的经典照片，多幅作品获国际摄影大奖。她也被贴上了诸多标签，比如："极地摄影家""拍企鹅拍得最好的摄影师"等。

毛晓初说，这十年拍摄经历最大的收获，就是将她的心灵彻底洗涤，人生观、价值观得到了淬炼，最终，她决定改变自己，"力求做一个对社会有用的人"。

一次偶然　结缘极地摄影

2018年9月9日下午2时，毛晓初和克拉玛依摄影协会主席居建新，为成都摄影爱好者举办了一场公益讲座。毛晓初讲座的主题是"极地摄影"，她四次去南极拍回的摄影作品，让与会摄影爱好者叹为观止，不时引来阵阵喝彩。毛晓初透露说，讲座上首次公开的很多照片，还是未经裁剪的原片。

"60后"的毛晓初，精气神十足，看上去格外年轻，过去数十年的人生经历中，她当过工人、记者、编辑、电视台制片人、房地产老板，现在，她在洛带博客小镇，经营着一家影像生活馆。

摄影师毛晓初，还是中国摄影家协会会员、国际摄影学会会员、四川省女摄影家协会副主席……

从业余玩家到摄影人，在毛晓初看来是"纯属偶然"。

2008年，毛晓初的房产项目遭遇资金链断裂，遇到了困境。经商多年的王姓友人表示愿意提供资助，当时王某因为一趟国外旅行被取消，正与旅行社扯皮。记者出身的毛晓初决定出手相助，陪王某去找旅行社讨要旅游费。几经交涉，旅行社同意将王某的旅游订单改签到南极，生意不顺的毛晓初"正想出去散散心"，也就陪同王姓友人前往南极了。

第一次南极之行打开了毛晓初尘封已久的视野，她被南极特有的美彻底吸引了。

结束南极之行回到成都，毛晓初结束了所有的营生，把摄影装备一样一样地买回来。她要用镜头，去锁定外面的世界了。

为拍企鹅　曾经留下遗书

之前，毛晓初也就算个摄影"发烧友"，成为摄影人之后，她决定"干出职业的样子来"。

随后的十年时间，毛晓初不断远行。而南极、北极和非洲，是她去得最频繁的地方。她两次去北极、四次去南极、五次去非洲，与北极熊亲密接触，拍下企鹅呆萌可爱的样子，记录非洲原住民不同的生活状态……每一次，都是收获满满，每一次都让她感慨万千。

最终，摄友们为她赋予了一个标签"极地摄影师"。这是源于毛晓初成为中国绕南极探险旅游行摄最长的女人。四年时间，她四度前往南极，用累计一百天时间，耗资百万元，换来的是一张张或精妙绝伦或让人惊叹的摄影作品。毛晓初每一次从南极拍回来的摄影作品，都给人不一样的视觉冲击：冰山巍峨，企鹅呆萌，风暴震撼……她因此被视为"拍企鹅拍得最好的摄影师"。2011年，毛晓初收获三个国际摄影大赛金奖、两个铜奖。

每一次远行拍摄，毛晓初携带的各种摄影器材，打包重量都在30公斤左右。每一次踏上极地，她都是背着重重的摄影包，脖子上还挂着几个相机，非常辛苦。

这些都不算啥，艰险到留遗书的经历，也是有的。

2009年，第二次去南极，航船进入西风带后气候突变，遭遇大风浪，让整船人的行程变得"不可控"，拍摄旅行点依次取消，船只在风浪中飘摇颠簸，几乎所有的人都躺在床上，任船只颠簸摇摆，想吐吐不出来，想拉拉不出来……绝望笼罩着团队，毛晓初写下了遗书，安排了后事。当大家都在茫然无助、恐惧不安时，毛晓初摇晃着来到咖啡厅，双腿艰难地支撑于船板，左手抓扶手，右手握住挂在脖子上的相机，隔着玻璃拍下船头浪击船身的场面——如"泰坦尼克"的场景重现，让人惊悚。

50多小时颠簸，船只最终挣脱风浪，化险为夷。

南极拍摄　百天耗资百万

四次南极拍摄，百天耗资百万。有人难免质疑：日均一万元的消耗为拍摄，是否值得？

毛晓初的回答是："太值得了，我收获的不仅是照片，每一次外出拍摄都是对我人生的一次淬炼！"

亲近南极、北极，贴近非洲居民，去了几十个国家……每次摄影都会带给毛晓初不一样的独特体验，最后变成了对自然与生命的崇拜。

赴南极极地摄影，对摄影者有非常严格的要求，船只是不能直接开到拍摄

南极的企鹅 *受访者供图*

地的，这样会打扰企鹅。所以，船只只能开到离企鹅栖息地有一段距离的指定区域，游客下船后，会有直升机将其接送到企鹅栖息地附近的冰山，此后，需要步行一小时，才能到达企鹅栖息地。从2008年到2012年，毛晓初四次赴南极拍摄，也有过四次类似的旅途。对于这一小时的行程真是感慨至深。雪地行走，一步一停，"停可以，但歇不行，越歇越想歇……"毛晓初曾经在这段行程中感受过"坐下来歇一歇"，坐下去之后，令人战栗的寒气从后背直往上冲，让人无法自制。

四年四次极地拍摄，拍下企鹅的各种姿态，毛晓初也有多幅照片获奖。而与自然接触，与世界各地的摄影爱好者接触，毛晓初有诸多感悟的同时，也有了很多深层次的思考。

人类对地球的索取显得有些过度，我们生存的环境越来越糟糕。

回望自己过去数十年的人生经历，毛晓初认为自己曾经浮躁过，但最终还是沉静下来。她也察觉到了身边存在的很多不足，想身体力行地去做一些事情。短处想，是想给女儿做好表率，给她留一些精神层面的东西；长远一点，则是想通过自己的言行影响大家，让大家都来关注生存环境，回报社会。

毛晓初说，她来不及认真思考自己是怎么走过来的，但是有必要认真地思考自己未来应该怎么过。摄影十年，她有了自己最终极的感悟：精神财富比什么都重要！

在成都一家建筑设计工作室做媒介宣传的女儿是妈妈的忠实"粉丝"，非常理解妈妈的想法，也特别支持妈妈搞摄影。

"百万元可以买豪车，甚至可以在城郊买个不错的房子，但我用在摄影上从来不后悔，摄影改变了我很多观念，这对我的人生来说显得很有意义！"

十年摄影经历，毛晓初更多的是将镜头对准自然和人文，这是她乐于关注的东西。一次次深入拍摄让她完成了从内心震撼，思想升华到行为改变。她觉得"追求本真，让社会变得有爱"是自己努力的方向。她决定搭建一个平台，聚合一帮志同道合的人，把自己的摄影故事分享给大家，也让有故事的人来分享，通过分享重新认识世界。

于是，毛晓初凑资在洛带博客小镇开了一家影像生活馆。

不是客栈，不是沙龙，也不是俱乐部，而是生活馆。毛晓初说，她"下海"十八年，但真的不会经商，更不喜欢别人把她看作"商人"，自己更喜欢"摄影师"这一身份。所以，经营"我和你影像生活馆"的目的不是为了赚钱，而是让志同道合者分享故事，让生活回归本真。

家具摆件都是最简洁的，食材都是寻本溯源，尽量采购绿色无污染的。或许正因为如此，生活馆的经营仿佛跟市场有些"脱节"，因为价格偏贵导致生意有点冷清。

毛晓初并不着急。

接下来，毛晓初会关注洛带即将搬迁的当地农民，用镜头记录他们对现代家园的情感，记录社会变迁，也算是一种贡献。她计划用五到十年时间出一部高质量的作品，"让自己的精神世界更丰盈"。

（本文原载于2018年9月17日《华西都市报》

封面新闻记者：杨炯）

收藏界的现代书生：
耗资上百万，藏书十万册

论读书的境界，王国维在《人间词话》说："古今之成大事业、大学问者，必经过三种之境界：'昨夜西风凋碧树，独上高楼，望尽天涯路'，此第一境也。'衣带渐宽终不悔，为伊消得人憔悴'，此第二境也。'众里寻他千百度，蓦然回首，那人却在灯火阑珊处'，此第三境也。"

对于藏书十万册的四川师范大学教授龚明德来说，读书又是另外一层境界：大门一关，便是深山。

所以，流沙河先生曾赠他一联：陪着斋中万卷，断了门外六场。

藏书　欲望是如何形成的

用汗牛充栋、书盈四壁形容龚明德家中的藏书，都显得单调。

他的家，除了书，几乎无处插足。以至于邻居常笑言，太胖的人都不适合到龚家做客，免得被羸弱的书架卡住。

十万册藏书，大多没有积灰，因为经常翻看整理，有的书，焕发出油脂摩挲的新颜。

他的家，其实就是一座中国现代文学馆，鲁迅、巴金、丁玲、冰心、艾芜等文学大家的书籍，从民国初年到现在，各种印本收藏齐全。

1983年，龚明德从湖北襄阳一所大学调到四川文艺出版社，"到达成都时只有三麻袋书，顶多三四百册而已"。

龚明德说，那时卖书的书店全是"国营"，一律闭架售书，就是顾客站在柜台外，说出自己想买的书的书名，由营业员拿给顾客。惯例是，连拿三次，就必须买一本，否则就会遭白眼或者挨骂，通常营业员吼的是："看书，到图书馆去，这里是卖书的地方！"

就此，他觉得看书与人格挂起钩来，想读书又不愿意看人家脸色，就只有"买买买"！

他买的第一本旧书，是奥斯特洛夫斯基的名著《钢铁是怎样炼成的》，梅益翻译，20世纪50年代印行的厚卷本。

这本书缘于少年情结，那时的保尔·柯察金之于他，大抵像今天的杨洋、赵丽颖之于"00后"。

拥有青春偶像，往往会产生严重的后果："我如今的生活做派，几乎全是受了保尔·柯察金的影响。"

那时，他的女儿还在读幼儿园，送女儿经常会经过宁夏街口的一个废品回收站，看见层层叠叠堆着满屋的旧书刊和废报纸，就问看守人卖不卖旧书。

看守人态度平淡："你自己选吧。"

他随手拿了一卷两本的《钢铁是怎样炼成的》，上卷的封面被撕去了左角。"多少钱？"看守人掂了掂重量："给3毛钱。"

尝到旧书的甜头，他又到国营新华书店古旧门市，花3块钱买回四卷本的《冯雪峰论文集》，花10块钱买回王瑶著三卷本《中国新闻学史稿》。

此后，一发而不可收，他开始了专业藏书之路。

著名作家孙犁说："买书的欲望，和其他欲望一样，总是逐步升级，得陇望蜀。"

诗人殷夫的《孩儿塔》，是龚明德收藏的第一套书籍，近十个民国印本，花费了60元。这在1980年前是巨款，当时他的月工资才56元。

他买的最大的一批书是在1990年前后，位于西南财经大学附近的某单位图书馆，整体转向，淘汰所有文学书籍。

得知消息时，书已被人买走一大批。幸运的是，买书的人多喜欢精装本，看不上简单装帧的图书，尤其民国书籍更受冷落。

他赶到一看，如获至宝。最开始讲价5毛钱一本，后来，图书馆工作人员嫌麻烦，懒得数，干脆用手臂量，一臂长10元，他当即买了一两吨。

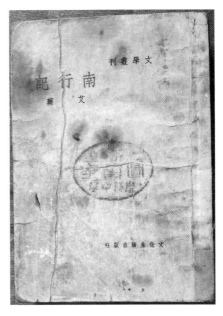

《南行记》最早版本　陶霞摄影

"每个周末骑自行车去拉，女儿五六岁，坐在龙头前面，每次蹬车蹬得汗流浃背。"龚明德对这次买书记忆深刻，"那是一次狂买，拉了整整半年才拉完。"

特别说到"狂买"二字，他的话语有一种酣畅淋漓之感，就如同干涸的旅人，跌进一池冷泉。

买书的声名，最初是东方的微光，尔后变成了林中的响箭。

1993年，春熙路改造，很多古旧书店不开了，卖不脱的都给他送到办公室。同事们对这行不太了解，认为这些旧书值得到好多钱嘛，几十块差不多了。哪知，龚明德一掏钱，满屋子都咋舌，好几千呢。

买书　送仙桥书商如此"温柔"

成都旧书圈，隐隐约约的谈资中，常能草蛇灰线一般觅到龚明德的踪迹。

每周三、周日是龚明德的书香日，这两天是自由市场开市的日子，他的生活完全是围绕着买书、读书进行。

清晨六点半起床，骑半个小时车到旧书市场，来来回回转悠买一个小时书，然后回家吃早饭、泡茶，整理刚买到的书，同时翻一遍了解大概内容；下午则读书、写文章，晚饭时享受天伦之乐，晚上继续读书、写作。

没有出名时，龚明德的买书状态是这样的：

一次在书店，他看到一套巴金的《随想录手稿本》，定价不菲，要价500元。因为实在是太喜欢，他在书店抱着书足足看了两个小时，无奈当时手头拮据只好放下。过了几天，恰巧单位发几百元奖金，便急不可耐地冒雨去书店买回。到家，躺在躺椅上惬意地翻看心爱的书时，却发现有几页空白，他又心急火燎地冒雨到书店换一本，才算了却心愿。

一旦声名鹊起，买书就大相径庭。

比如，到送仙桥早市，几乎每个摊主和店主都认识他，有他需要的书都会留着，别人来买会贵得多，他买只收比成本略高的价。而且，凡是龚老师停留很久的书摊，小书商们都会揣摩：这家又收到了民国的啥子珍本？

对于大家的抬爱，龚明德也心存感激："成都是一个古老的文化城市，从事旧书业的人大多比较懂得尊重文化人。他们都知道我是做研究的，不是做转手买卖，所以就如此温柔。"

因为买书的资金已逾百万，而且出手太大方，一次买书都是几千元，常有人担心他会不会破产。

龚明德一笑，买书，并不影响家庭生活。"我买书的钱都是来自稿费，可算以书养书——我的工资和讲课费等收入全在卡上，我的卡全数无条件上缴老婆。再说，一个大男人，自己买书可不能花养家糊口的活命钱"。

看书 毛边书才是人生至境

崇尚条漫、短视频、轻小说的"00后"，估计对"毛边书"这个词相当陌生。

在龚明德看来，毛边书的阅读快乐，是不可告人的书香幽会。"手持一把专用裁毛边书的竹制刀或刃不锋利的钢刀，细心地边赏玩边裁读。先裁开刚购置的一部新的毛边书的目录页，看哪篇文章最想先睹为快，就把刀小心伸进那文章所在的页码，裁一页读一页。会读书的人，在于持恒，不会赶急浏览完了就离开书桌的，而是忙完了不得不干的俗务之后，才泡上一杯茶躲进书斋享受清静阅读。"

那么，"毛边书"是一种什么形式的读物呢？简而言之，就是不切边的书刊。当然，真正受到"书爱家"一致追捧的地道"毛边书"，却远远不是"不切边"三个字所能形容的。

龚明德说，中国现代的"毛边书"最早的源头是鲁迅、周作人兄弟合译合编合印的《域外小说集》第一册和第二册，分别于1909年的3月和7月刊行。这是周氏兄弟自觉献身文学事业的起始，也是他们从事出版事业的起始。他们从国外引进平装书刊的毛边形式，对后世影响非常巨大。

不少人把20世纪二三十年代视作"毛边书的黄金时代"，这是有道理的。不仅鲁迅的著译，北新书局对其他作家、译家的著译，如冰心的《春水》、孙福熙的《山野掇拾》、周作人系列著译等，甚至由其承印的杂志如《莽原》和《语丝》，每种均同时发售毛边本。

那时的毛边书几乎成为"书界潮流"，龚明德有幸收存了鲁迅亲自督印、著译的几本毛边本，"闲了拿出摩挲观赏，真是享受之极"。

如今，毛边书《域外小说集》在拍卖场上已经是几十万元的高价，而且是有价无市，但像龚明德这样的"毛边党"，依然会保持着高尚节操，他说："我绝不会在活着时就抛售自己的爱物，这就叫'至境'。"

探书　考据中国现代文学的"侦探"

龚明德大学毕业后留校担任教职，教授中国现代文学，后来在出版社工作了26年，负责编辑的书也大多是五四新文学，这决定了他对中国现代文学的研究方向。他的存书基本是五四以来至1950以前的中国新文学著作。

书运亨通时，常有意想不到的收获。

一天，在一个摊位，龚明德喜出望外地见到20世纪40年代发行的《时与潮文艺》和《时与潮副刊》两本杂志，兴奋不已，顾不上讨价还价，花了30元全买下。他发现《时与潮副刊》里一篇《雅舍小品》是梁实秋用笔名发表的，况且所有的笔名工具书，都不知道这个笔名用于梁实秋的哪一篇文章。《时与潮文艺》中有李长之的两篇书评亦没有被人发现。加之这两本杂志都是抗战时期的草纸本，珍贵得很，欣喜之情自然溢于言表。

但是，作为一个文学史实"侦探"，也常常有发现"混乱"的沉重。

"艾青有首诗叫《忏悔吧，周作人！》，后被大量删节，面目全非，连艾青都搞不清楚原作的面貌了。我查找出不同时期的版本，考证原始诗作，做了订正。艾青得知后很感叹，但我却心情沉重：新文学仅仅几十年历史，就有了那么多的'混乱'，需要细心梳理，如今有几个人愿意做、能够做这样的苦工？"

此外，龚明德还收藏有1954年以来的全部版本的《新华字典》，1998年5月第9版《新华字典》出版后，有论者称为"一本错误率为零的书"，龚明德根本不信。"仔细一找，找出了不少错误，前后围绕《新华字典》，我写了一二十篇文章。"

还有钱谷融主编的《中国现当代文学作品选（1917—1949）》，已经印到第3版了，其前言说："本教材历史悠久。从20世纪80年代问世以来，一直为全国各高等院校所选用，深受广大师生欢迎。"可惜单是张爱玲的《金锁记》，才三万字，改出的错别字、遗漏处就有几十处。

因为精于版本汇校和史实考证，龚明德也被人称为"中国现代文学研究界的福尔摩斯"。

但他很谦虚，自嘲："只是一个不为收藏的藏家，只为读书的书生。"

（本文原载于2018年4月23日《华西都市报》

封面新闻记者：仲伟）

成都书王
收藏线装古籍过万册

德国哲学家瓦尔特·本雅明说："一册书的命运就是与收藏者和他的收藏的邂逅。"

一本藏书的全部细节：出版日期、地点、装帧手艺、先前的主人，形成了一部神奇的百科全书，叙述着藏品的命运。

《山中白云词》，南宋最后一位著名词人张炎的大作，康熙善本。三百年人世沧桑，此书几度易主。

草蛇灰线，伏脉千里。成都古籍收藏家蒋德森，说起这本书中隐匿的文士风流，连连称奇。

少年读书之烦恼

通常，藏书目的：一读，二藏。读是目的，藏是便于复读与使用。

在中国藏书史中，最出名的非明朝两位大神莫属。

一是嘉靖年间进士朱大韶，喜欢藏书，尤爱宋

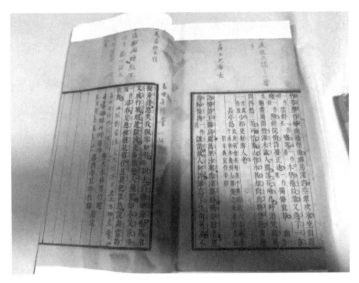

康熙年间的善本《山中白云词》，书中朱批为晚清浙江名士顾元熙批注。 杨涛摄影

版书。

得知别人藏有宋刻《后汉记》，书中还有陆游、刘辰翁等前朝名士的题签手记。

他便心心念念，甚至不惜用极有才华的爱妾换取，这就是闻名的"美人换书"。

二是著名的文学家王世贞，嗜书成癖，曾用一座庄园来换一部宋刻本《两汉书》。

叶昌炽在《藏书纪事诗》中如此评价王世贞："得一奇书失一庄，团焦犹恋旧青箱。"

蒋德森藏书，比不上这些豪华的收集者，但更接近于收藏的真谛：藏书是为读书。

1955年，成都。

盛夏的热度，与现在相差无几。

暑月蝉鸣，低矮的平房，沁着丝丝凉意。

少年蒋德森，向邻居家的大人借了一部《钢铁是怎样炼成的》。汗津津的手，在衣服上擦了又擦，生怕弄脏了书页。

熬更守夜，连看几天，眼看到了还书的日子。蒋德森把书页检查了又检查，生怕有卷角。

"因此，还书，最后一道工序是用凳子把翻过的皱褶压平。"完璧归赵，主人才有二次借阅的可能。

还书时，还得与主人交流读书心得，并在课外活动时将书中的故事讲给同学听。

这样，看一本书的使命才算完成。

在物质匮乏的时代，书卷里的忧乐，占据了像蒋德森这样少年的精神世界。

蹭书，也曾是蒋德森少年读书的烦恼。

那时在书店看书，光看不买，久而久之，营业员要摆脸色或者骂人。

在西大街新华书店看书时，蒋德森会研究营业员的"脸色"：一个严厉些，另一个和蔼些。所以，严厉的店员当班时，蒋德森就不去光顾。

青年藏书之艰辛

零碎的阅读，并不能满足一个嗜书者的愿望。

1957年，蒋德森拥有了第一本线装书——《陵阳集》木刻本，宋代江西诗派诗人韩驹的著作。

"在成都市古籍书店买的，花了2角钱。当时的2角钱也不简单：一份回锅肉1角6分，米饭4分钱，够人一餐。"

父亲早逝，蒋德森过早扛起了家庭的重担。要买书，只有自己挣。

暑假，他就去工地打工，以贴补家用。当时，班上男同学都在一个工地打工，干些搬砖、拉沙的体力活。

一个星期下来，其他同学都回家了，只剩他一个。

"6毛钱一天，干满一个月，工地老板给我涨薪，7毛钱一天。"干满一个暑假，蒋德森小有收入。

交完学费还有盈余，剩下的钱全部买书了——心仪已久的线装六大本《康熙字典》抱回家。

1962年，21岁的蒋德森成了家里的主要劳动力，开始上班挣钱。

起初他的工作是拉架架车，从府青路煤厂运煤到长顺街。最开始是一次只能运500斤，收入5角8分钱，后来一次运2000斤，就可以收入2块多钱，一天运两次，收入颇丰。

如此拼搏，蒋德森除了为生活，也为满足精神世界的渴望——读更多的书，才有更多的精神财富。

正如法国戏剧家杜伽尔所说："生活是一种绵延不绝的渴望，渴望不断上升，变得更伟大而高贵。"

蒋德森平均一个月80多元的收入，在当时算是高工资了（大学毕业生才40多元，教师35元5角，普通学工15元），其中大部分交给母亲家用，其余留下买书。

以至于他后来到汽车队工作，驾驶行当的爱好都是烟酒茶，他的爱好仍然是读书、买书。

从1957年到2018年，如今已78岁的蒋德森，60年藏书从未停止。

他家，不说普通的旧书，仅线装古籍就有近万册，善本上千册。而他经手的各种古旧书更是不计其数。

有人将他视作传奇，称他"书王"。对于这些说法，蒋德森自言愧不敢当："读书是丰富人生的内涵，不是四处炫耀的资本。"

因为业界名气，有时也有人卖书"吃冒炸"："这书蒋老师看过，都给了价的。"买书人就说："我再加点价，你让给我。"买书到手，拿到淘书斋，向蒋老师"炫耀"，蒋老师一看便说："我没有买这部书，他们打冒炸的，你上当了。"

《山中白云词》的命运

古旧市场多年浸染，蒋德森也有些宝贝。

其中，他最爱的收藏是康熙年间的《山中白云词》，由当时久负盛名的浙西六大家词人——朱彝尊、李良年、沈皞日、李符、沈岸登、龚翔麟在刻集时同时刻印。《山中白云词》，正是南宋最后一位著名词人张炎的大作，存词302首。

5月1日，蒋德森把这卷珍藏拿出来细细研究，古朴的气息中，品味书卷遥远的过去。

张炎，字叔夏，号玉田，又号乐笑翁。浙江杭州人，贵族后裔。早年为承平公子，过着休闲而富有艺术情趣的生活，其词注重格律和表现技巧，内容多写湖山游赏的贵公子生活情趣。

张炎29岁时，宋朝亡国，感受家破人亡之惨痛后，词风渐变，盛衰之感、忘国之痛和江湖漂泊之苦，成为词的主调，格调凄清。因他精通音律，审音拈韵，细致入微，遣词造句，流丽清畅，时有精警之处。张炎的创作和词论对后世均有深远影响，清代许多词人都尊崇张炎，把他和姜夔并称，为浙西六大家词人所宗。

1962年，蒋德森在成都古籍书店买下这套《山中白云词》，仅仅花了2角钱。

"可能是这套书后面有两页残缺，古籍书店就以极低的价格出售了。"购买后，未来得及细读，他就放进旧书堆，尘封了26年。

1988年，他退休后，整理古旧书籍，才发现这书大有来头。

根据书中的题跋、印章，查阅相关史料发现，这套《山中白云词》至少历经三个清代名士：符曾，顾元熙、顾复初父子。

符曾，清代浙派著名代表诗人，官至户部郎中。符曾是这套书的第一个拥有者，至于为什么流转到顾元熙手中，就不得而知了。

蒋德森展示的三卷《山中白云词》，为金镶玉，保存完好，字迹清晰。

书页有两种批注：朱批和墨批。"长幼有序，父子相承。朱批是顾元熙，墨批是顾复初。"

此书由顾复初入蜀带到成都。现在很多人对顾复初不是很熟悉，成都杜甫草堂楹联就是他所写：

异代不同时，问如此江山，龙蟠虎卧几诗客

先生亦流寓，有长留天地，月白风清一草堂

咸丰年间，顾复初以七品州判的官阶入蜀，最初在成都将军完颜崇实府上充当幕僚，后升为光禄寺署正。历任晚清四川总督吴棠、丁宝桢、刘秉璋的幕僚。顾复初的诗词文章样样俱佳，光绪年间还被公推为蜀中第一书法家。

此外，顾复初还与新繁县龙藏寺的高僧雪堂是好朋友。顾复初因爱妻范氏病逝，为安葬事宜，囊中羞涩的他到龙藏寺请求雪堂帮助，雪堂当即承诺由龙藏寺提供墓址安葬，让顾复初感动不已。

清光绪二十年（1894），顾复初去世。雪堂遵其遗愿，将其葬于龙藏寺，与其夫人范氏同墓穴。

顾复初去世后，这本《山中白云词》此后几十年流落于何家？已成永久谜团。

所幸，好书有缘，如今再到珍爱之人手中。

赵尔丰的石头奇缘

赵尔丰，晚清军政界叱咤风云的人物，虽有"屠户"之称，但并不妨碍他附庸风雅——酷爱冰冷坚硬嶙峋峥嵘的石头。

赵尔丰有本著作《灵石记》，叙述他在川边寻觅搜集有字的石头，绘印成册。赵尔丰自幼喜石，宣统元年（1909）奉命督师今西藏昌都，即察木多，见河边彩石"水日相映，五色必备，辉耀眼木"，遂取石收藏，"日相研究，得真草篆籀各体二百零四字"，编成此书。

此书收石图众多并有文字注解，为藏石赏石的重要典籍。

蒋德森说，目前流传出来的《灵石记》，成都有两本，一本在他手中，一本为另一藏家所有。书中213幅灵石图，既有参互错综之妙，也有解析反正之奇，说明赵尔丰藏石已达很深的境界。

此外，蒋德森还藏有顺治年间版本金圣叹《唱经堂外书》，乾隆年间刻的李调元《涵海本华阳国志》，清初刻的《崇祯遗录》等。

置身于成堆的卷帙中，你才会发现这些历史人物的奇异，而旧书才会在拥有者手里得到新生。

这是蒋德森的体会，也是读书人应有的境界。

他与补字匠人的友谊

在府青路玛塞城，蒋德森的书斋旁，有一个专业修书的摊位。

一页页边缘破烂成蜂窝状的古籍，经过专业的处理后，重新焕发生机。

古籍的各种破损、污渍等被修复艺人叫作书病。古书艺人视书为孩子，所以修复如看病，也有望、闻、问、切。

古籍修复，大江南北有各派绝技，所存在的派别和书画装裱的派别大体一致，分沪派、蜀派、徽派、岭南、鲁派、津派，但大部分在1970年左右消失。

蜀派曾有绝技"借尸还魂"，可以把整个旧书纸更换，让原来的墨迹附着在新的纸张上。可以大大延长书的寿命，但因为不符合修旧如旧，这项绝技已随蜀派的消失而消失。

蒋德森所藏的古籍，也有部分需要修复，比如《山中白云词》残缺的两页。

修复容易，补字高难。补字的人，不仅要有《水浒传》里"圣手书生"萧让的绝活，善写苏、黄、米、蔡四种字体，还要会篆书、燕楷、行草等。

蒋德森就托人找了原成都刊刻厂的老艺人陈定钦，没想到，陈定钦是个中高手，精研各种字体，书法水平也很高。

一来二去，两人就成了好朋友。可惜的是，陈定钦前几年去世了，由于种种原因，他的绝艺并没有传承下来。

所以，如今成都的古籍修复市场上，懂修复的大有人在，但补字已是"一匠难求"。

（本文原载于2018年5月7日《华西都市报》

封面新闻记者：仲伟）

净手焚香翻古书，
心痒难耐追绝版

书，是用来凿破人们心中冰封海洋的一把斧子。

卡夫卡孤独而恐惧的内心世界里，跳跃着一颗灼热的心。他用锐利的斧头击碎心中的冰海，言辞间闪烁着理想的火花。

对于成都藏书家彭雄而言，书却是命运的场景，历史的舞台，甚至是一部研究和欣赏的戏剧。

藏书40年，他访奇书如追女子：

一本奇书，有如旷世绝伦的美人，百年不遇。如无缘，纵使千金亦难买一笑。

读书40年，他焚香净手探古人：

静下心来，细细品读、细细倾听，或许旧书中的灵魂亦会因此而复活。

童年买书挨打记

北书院街，隐藏于车水马龙的红星路旁。

百米小巷，街道狭窄，却体现出老成都鲜明的气质。

前50米，清一色搓麻将的人；后50米，全是喝茶闲聊的人。

周六下午3点，彭雄照例和一班朋友，在"后50米"喝茶叙旧谈文事。朱自清与陈竹隐的成都旧影，钱穆茶水浸泡的学术生涯，都在闲谈之列。看似平淡的聊天，其实是交流读书与收藏的心得。

这时候，总有些童年的趣闻冒出来。而彭雄稍显苦难的童年，两次挨打都与书有关。

1972年，彭雄6岁。过儿童节，父亲给钱5角及蛋一枚。

"我煮蛋后，就去成都市人民南路新华书店排队购书。这是记忆中自己第一次购书，买到了连环图《消息树》《九号公路大捷》两册，大喜过望。但回家发现，蛋糊锅穿，遭父亲一顿痛打，真是喜悲交集。"

12岁时，彭雄在春熙路儿童书店外买卖连环图《三国演义》，又被父亲逮了现行，当街又是一顿痛打，还被骂"不务正业"。挨打，对他来说并不可怕，可怕的是佳人在场，脸面全无。"围观者大都是同学朋友，要命的是，暗恋已久的女孩也在其中，真是羞愧难当，急想找一条地缝钻进去。父亲不容分说，一把将我心爱的《长坂坡》扯成两半。"

含泪收拾地上残骸，他买来透明胶，将书的伤口一一"缝合"。

黑格尔说："世上大概有两种人，一种人毕生致力于拥有，另一种人毕生致力于有所作为。"

在物质匮乏的时代，像彭雄这样的孩子早早明白，藏书，只是人生的小窃喜；读更多的书，才是精神世界的源泉。

熬到18岁工作以后，彭雄就有公开藏书的资格了。他开始逛地摊，淘旧书。"爱上旧书，是没有办法的事。新书贵，只好去捡些别人丢掉的，学会追逐收荒匠，冷摊上寻觅，与书商讨价还价。所幸当时不少古籍线装书在旧书废报贱卖之列，所以顺手牵来，填充书柜。"

族谱里的命运沉浮

但将千金谱，留与子孙读。

彭雄以收藏古籍文献出名，族谱家乘也有涉猎，其搜集的四川族谱有数十种。古语说："家之谱，犹国之史。史不作，无以知一代之圣哲；谱不叙，无以知一姓之英奇。"

族谱，是以记载各姓氏血亲集体的世系和事迹为中心内容的表册书籍。各个家族的族谱差别很大，但都指向一个问题——"未曾生我谁是我，生我之时我是谁？"

彭雄研究精选20多种姓氏，汇集成《蜀都老家谱》。翻开他修复一新的安岳《陈氏族谱》，不仅能了解安岳陈氏家族的来龙去脉，也可窥见个人命运与时代背景错综交织的一幕。

安岳《陈氏族谱》完稿付印于1938年8月中旬，重修族谱的主持者是陈家第十一世孙陈离。陈离1892年生于安岳，民国期间先后任国民革命军四十五军副军长兼一二七师师长、成都市市长等职。

1937年9月，陈离率部出川抗日，会同王铭章的一二二师参与了著名的台儿庄大战。固守藤县一役，王铭章阵亡，陈离身负重伤。他只得委托二弟陈谷生（谱名陈显煊，罗泽洲部少将参谋长）全权主持修谱之事。他不断从前线写信回家，还寄回大量作战的照片。这些宝贵的抗战史料作为陈家的荣耀而载入谱册。

被川军抗战的慷慨悲壮所感染，彭雄把从这本族谱中打捞出的故事写成文章，发表于2006年的《收藏》和自己的博客"汉籍文献图库"。此文发表后，更是引起了陈离外孙女——华东师范大学教师金雷的关注。

2009年3月，金雷来成都寻找外公外婆的足迹。

金雷从小由外婆向守之带大，对外婆感情很深，从小就听外婆讲了许多老成都的小吃、老成都的故事：红油钟水饺、麻婆豆腐、回锅肉……外婆和外公在成都办了一所私立艺专叫东方美专，一所学校叫协进中学；外婆与徐悲鸿、廖静文、吴一峰、陈亮清、邓穆清、车辐等人的私人交往；外婆在青石桥、东胜街、桂王桥西街的几处大公馆；外婆曾为成都新南门（复兴门）竣工剪彩等。这一切的一切，都如此诱惑着她，所以她对成都充满了无限的向往。

向守之毕业于成都师范学校，曾任华阳第二小学校校长，后来就职于邮电局，喜绘画，曾就读东方艺术专科学校，师从冯建吾。

1949年以后，向守之便带着女儿陈白华居住在上海，于1993年去世。

2009年3月18日，在彭雄的带领下，金雷分别拜访了时年94岁的车辐、93岁的高少儒、78岁的流沙河，叙旧情，谈往事，大家都很感慨。

买《三国志》的惊喜

每本书的命运千差万别，构成了读书人爱它们的原因。

彭雄说："旧书古籍本身就有岁月、有生命、有灵魂、有故事：它们或遭兵燹战火之灾；或遇鱼虫鼠蠹之害；或长期深锁于权贵高墙之中；或飘零散落于尘世冷摊之上。物本无情，遇会心人则多生趣，无知者弃之毁之，智者惜之怜之，这就是古人说的'一人之弃物，一人之至宝也'。"

多年前，他在成都地摊买到一本《三国志》旧抄本，看到封皮上隐约有"谕旨"二字，当即不还价买下。走到一旁拆开铺平，发现竟然是一张完整的、出版于光绪三十四年（1908）的《成都自治局白话报》，完全是捡了个漏。

该报一周出版两期，报末有"发行者：成都自治局，布后街16号"；设置栏目有7个：《谕旨》《论说》《奏议》《来稿》《广告》《本报征文广告》《本报刊误》。

其中，《谕旨》一栏写道："光绪二十三年五月二十八日，奉上谕朕钦奉慈禧端佑康颐昭庄诚寿恭钦献崇熙皇太后懿旨：直省官制已据王大臣议拟，饬行试办矣，惟立宪之道全在上下同心，内外一气，去私秉公，共图治理。"

接下来用白话文对这道圣旨解说："京城里办事的衙门，当添的已经添了，当改的已经改了；外省官制，也要添改一下，今既讲立宪，定要去掉私心，秉着公心，大家发起愤来，国事办得整齐。谕旨上几句话，真是说透人情，得了立宪的精神，大家还不醒悟吗？"

彭雄说，《成都自治局白话报》是四川谘议局的机关报，自然鼓吹"立宪""自治"，积极地参政议政，涉及四川政治、经济、法律、教育、财税、实业等，纵观全报，文章写得非常简明易懂，当时一般百姓，只要能认识些字的想必都能读懂。

在他的收藏中，还有一份晚清的《四川官报》，刊载其上的"谕旨"就有数十条，大多以监国摄政王载沣之名发出。

摘录几道有趣的圣旨如下：

第一条：元旦节不准宴请

宣统元年十二月。"奉上谕监国摄政王面奉隆裕皇太后懿旨：明年元旦，皇帝毋庸行礼，停止筵宴，在外公主、福晋、命妇亦毋庸进内行礼，钦此。"

第二条：元旦节不准庆贺

奉上谕：礼部奏"明年元旦礼节请旨遵行"一摺，着停止升殿受贺。钦此。

彭雄认为，这两份报纸的部分消息，体现了晚清的改革和变法，用白话的形式表达，在百姓中传播更广。

此外，他还收藏有四川第一张报纸《渝报》和成都第一份报纸《蜀学报》。当时的《渝报》，称得上内容新奇，不仅报道了国外的潜水艇、化肥的使用，还有用电治疗生病的马等。

这两张报纸都是被誉为四川历史上"睁眼看世界"第一人的宋育仁创办。《渝报》于1897年11月创刊，办至1898年4月第十五期后，因宋育仁应聘至成都尊经书院而停刊。《蜀学报》1898年5月创刊，旬刊，每期30页左右。1898年9月出版至第十三期后被查禁。

清末秀才玩相机

说起晚清秀才，我们脑海中大多是长袍马褂，糟老头子，一派封建文人形象，但他们真实的生活是时尚而前沿的。

在旧书市场，往往会偶遇不少前人散出的日记，其中最好、最有价值的是清代、民国时期的个人日记。"从某种意义上讲是真实地记录下一段历史，也是真实地记录下一个人的心路历程或是最私密的东西。"彭雄收藏的一本清代日记中，作者是德阳县的一名秀才，从光绪二十六年辛丑（1900）三月初一记录至十一月十八日止，蝇头小楷，有二王遗风。

（三月）廿五日，阴、晴。是日三月分课榜发，超等六名，特等十二名，余列一等四名。云弟来家，请杨弼臣照相，杨弼臣以双片入匣，照后因取片有阻滞，恐不如意，复央云弟再照。俟去弼臣家洗片，云弟先照者颇能入妙，而后照者转不如前，衣履十分明净而头面模糊。噫！天下事，固有得之意中而失之意外者，莫今日若也。

彭雄在翻阅中发现，后面日记中也多次记录秀才们到成都购买照相材料和洗片药水。

彭雄（右）与流沙河 *受访者供图*

廿九日，晴，杨弼臣命人在成都买照相各药料回，约往伊家去，甫初鼓，归家不觉三更后矣。

十四日，早大雨，午后住。经课榜发，超等四名，第一名钟玉麟，次刘祖弼，余第三名，王文林第四。特等共十八名，第一名钟采亭、黄俊臣、张品三、郭天衡均列特等。赖秀升、叶向荣均在一等。此课膏奖渐加，超第一名，给奖二千四百文，较前课加八百文，第二名至第四名给奖二千文，较前课加一千文。

七月廿二月，晴，领膏火一千文例奖八百文，加奖亦八百文，泰山堂票。

彭雄说，后两段日记，记录考试名列前茅者有现金奖励。其中膏奖应该包括"膏火费"和所奖"花红"。可见清代秀才的收入由三部分组成：膏火费、例奖以及加奖。下面一则专记膏火费，文中"成泰山堂"大约是钱庄的名号，说明发的是张支票，可以到钱庄去兑现。

作为成都市收藏家协会常务理事，在彭雄看来，这些散落在民间的史料，犹如颗颗珍珠，只有淘选串联，才会光彩夺目。

闲暇时，他也常参加老一辈文人的"大慈寺茶聚"。相交者，包括流沙河、周锡光、孙梦渔等。"这些老先生人生阅历丰富，见人见事鞭辟入里。"

喝茶，聊天，晒太阳，谈掌故趣闻、天文地舆，或听流沙河先生说文解字、拆解一个个汉字的来龙去脉。茶聚之后回家，彭雄把谈话整理下来，写成《茶馆问学记》。

法国著名作家阿尔贝·加缪说："对未来的真正慷慨，是把一切都献给现在。"

埋首故纸堆中，彭雄已写出相关文章900多篇，之所以如此梳爬整理，因为他深知：

历史是一堆灰烬，但灰烬深处有余温。

（本文原载于2018年5月21日《华西都市报》

封面新闻记者：仲伟）

植物达人
制作标本收藏春天

2018年3月底的成都，天朗气清，透过玻璃天窗，阳光洒向小院里的每一株植物。内堂，数百幅玻璃木框装裱的植物标本挂满墙面，进门的每个人都被吸引：枯叶、枝丫、树皮、种子、鸟窝、石头、蜗牛壳……全是大自然中平常的东西，用心组合在一起，居然无比好看。

熊坤和张哲剑尤其喜爱阳光灿烂的日子，熊坤把会见客人的桌台特意安排在向阳的墙角，张哲剑则把正在绘制的画板挪到落地窗旁。

与自然极尽可能地亲近，是熊坤和张哲剑的快乐，他们用植物标本、植物绘画和植物盆栽，把"大自然"装裱起来，变成触手可及的美好。

8年来，他们把春天"收藏"起来，制作的植物标本不断流向全国各地。

两个少年的"伯牙绝弦"

黑框眼镜、T恤衫、牛仔裤，同是"85后"的熊坤和张哲剑，依然是学生气质，再配上大围裙，两个男人更加和善可亲。

"可以叫我小熊，叫他小哲。"熊坤竹清松瘦的外形，言语彬彬有礼又不失大方利落。平日里，张哲剑总愿意把说话的时间留给熊坤，他觉得这是伙伴更擅长的。

重庆人小熊和来自四川西昌的小哲，拥有相似的成长经历，有相同的兴趣爱好。"从小就喜欢画画，喜欢自然。重庆山多，小哲的家乡是大凉山，也是山多。"

18岁时，两个热爱画画的少年有了交集。那一年，备战高考的小熊和小哲立志要考进艺术类高校，在艺考集训班时相识，很快成为朋友。

第二年应考时，小哲遇到了意外，与两人约定好一起去读的大学失之交臂。"打击很大，已经买好书本准备复读了。"回想那次失利，小哲仍有心结没解开。相比之下，小熊可以毫无遗憾，他比录取线高出近100分。

要和小哲分道扬镳？人生路上知音难求，在升学和伙伴之间，小熊偏向后者。那一刻，小熊并没有想起伯牙绝弦的故事，但已经暗下俞伯牙摔琴时的决心——放弃更好的机会，和小哲去录取分数低一点的大学。

小哲是坚决不同意的，小熊拿出了软磨硬泡的功夫，一边劝说开解小哲，一边哄父母。最后，双方竟然妥协了，小熊和小哲到了成都某所艺术院校，就读展示设计专业。

和大部分学子一样，他们度过了四年中规中矩的大学生活，加入毕业求职大军中。小哲的第一份工作是在一家会展公司，上班的第一天他辞职了："看着硕大的办公室里，电脑一排排的样子，我觉得特别压抑。"15天后，在某奢侈品门店上班的小熊也辞职了："那是我上班的第16天。"

《昆虫记》里得来"荒石公园"

辞职后，小哲和小熊第一次坐下来静静思考，他们想要的生活是什么？

"不能抛弃艺术创作。"两个钟情艺术的小伙子很坚定。随后，他们找到了一个能发挥艺术创作的工作，在成都宽窄巷子的某文创店，专门设计制作旅游纪念品。这是一个能养活人的工作，也能提供给两人动脑动手的机会，"时间久了以后发现，我们还是不适合这份工作"。

不断寻找和尝试的过程中，小哲时刻保持审视的态度："我觉得做旅游纪念品，应该对目的地的历史文化有深厚的知识储备，可是我们欠缺这类知识。"小哲意识到，他们不善于做旅游文创产品，更重要的是，提不起兴趣，骨子里亲近的依然是和自然有关的东西。

他们又一次离开了。

转机在2010年夏天到来。那时，两个小伙子和大学老师合开的一家旅游商品店营业小半年，虽然能保证收入，但生活依旧如前，没有获得感的糟糕情绪几乎快吞噬两人。

小哲和小熊再一次停下来思考："就是把门关了，坐在一起讨论，一起聊，有点冥思苦想的味道。"

一番苦想后，他们终于明白自己想要的，原来就是萦绕在身边，不时带来惊喜和美妙的"自然"——小店门口发芽的青草，客人赞叹店里的植物标本装饰品，把小区里的落叶和甲虫装进衣兜……

2010年8月，属于小哲和小熊的小店诞生了，面积不足20平方米，全是自己动手装点：收集种子做成陈列墙，捡树叶做成门帘之类，处处表达与自然的关联。

"快看那只黄斑蜂，它正剥下开有黄花的矢车菊的网状叶梗，堆集成一个大绒球，准备带回去储藏蜜和卵。那儿还有一群切叶蜂，它们的腹部带着黑的、白的或者红的花粉刷，打算到邻近的小树丛中，把叶子切割成圆形的小片，用来包裹它们的蜜和卵。这一群穿着黑色丝绒衣的家伙是谁？原来是砂泥蜂，它们负责混合水泥与铺制沙石的工作，荒石园里很容易在石头上发现它们的工具……"著名昆虫学家法布尔所著的《昆虫记》中，记录着无数美好的小惊喜，它们发生在荒石园的小院里。

偶然读到《昆虫记》时，小熊和小哲欣喜地发现，法布尔的荒石园正是他们想要的天地，书中主人公的小确幸与他们时常从大自然中获取快乐如出一辙。在属于他们自己的这个空间里，不止有小哲和小熊的快乐，也希望让人发现各种和自然相关的小惊喜。

打造理想生活的"3.0版"

制作植物标本，从压扁压平的纸制品，到自然风干成景装裱，再到拼装组合入画；植物绘画，讲究用各种绘画形式，呈现大自然的美；另外还有植物盆栽，也成为小哲和小熊传递大自然讯息的方式。

他们觉得稀松平常的事，到了外人眼里却非常有意思，越来越多人到店里去，皆因喜欢那片天地，也有很多人盯上了原本只做展示功能的植物标本。

小哲和小熊对自然的喜爱，以及由此传达出的"自然讯号"，得到热烈响应。然而，门庭若市的经营彻底打乱了与自然有关的创作："规定关门时间是晚上9点，但常常忙到凌晨一两点，在上个店两年完成了6幅画，在这里甚至大半年没机会提笔。"小哲觉得不对劲，自己好像真成厨师了。

"想把店关了。"2014年10月，小哲突然向小熊开口，"你觉得现在的生活，和上班有什么区别呢？是我们当初想要的吗？"小哲的话点醒了小熊，两人再一次陷入思考。

很快，他们又有了一致的想法。"我们要创造和设计与自然有关的，有意思的事情，慢慢却被认作咖啡馆了。"小哲觉得要改变，"找一个空间开阔，有一个院子的地方，养护植物并展示我们创造的东西。"

就这样，小哲和小熊果断关闭了小店，打造理想生活的"3.0版"，彻底回归创作。

抢了奶奶的八角香料

数百平方米的墙面，有延展不到头的植物标本，还有随处可见的植物绘画作品，几十个大大小小的置物架上，搁满各式收纳箱、木盒、玻璃瓶，无数种

小熊（左）与小哲展示他们的植物标本　雷远东摄影

植物的叶片、花朵、枝丫，还有动物标本、树皮、石头，充斥整个房屋，偌大的空间还略显拥挤。

小哲靠窗伏案，正忙着创作一幅点画，模特是各种植物的种子。细节只能以毫厘计。不远处是对着电脑目不转睛的小熊，左手边的案台上，一本《植物学拉丁文》翻过近一半，还有叠放的植物标本画框静静等着他。

不愿意当老板，他们乐于做手艺人，把自己沉浸在与自然有关的世界里，涂涂画画，粘粘贴贴，一刻不停闲。

货架上再常见不过的自然之物，到了他们手中，全部成了叹为观止的美丽作品。从不预设场景，也不画草图，从第一个植物放下去开始，各种标本画就在随机创作中产生，"植物有着它们自己的逻辑和节奏"。

来人常常赞叹画框里植物标本的美丽，认真再看看小熊标注的各种植物名字时，不禁唏嘘："原来是它！"

"都是身边随处可得的东西，比如小院里种的植物，小区里的植物，走在路上捡的落叶、枝丫都是素材，最远的则是我们从老家带来的。"哪怕是做菜用的香料，到了小哲手里，都是不可错失的好东西。

一天，奶奶从市场买回了烧肉用的八角香料，路过的小哲像看到宝一样夺了去。"可能很少人会注意到，八角的籽儿特别亮，特别好看。"后来，这瓶八角香料一直被用作植物标本画的素材。

还有来自菜市场的更多东西被小哲"抢"走，妈妈买来煮粥的小米，摆在摊位上的水果等。不久前，他们创作的"水果市集"画，灵感正是菜市场，一个在他们眼里承载最亲切和自然生活方式的地方。后来，"水果市集"画广受欢迎，每天都有人打听柠檬集市、树莓集市、蜜瓜集市和蓝莓集市系列贺卡或明信片的推出进度。

有个外地姑娘曾在成都上学，离开之前专门送来一罐种子；店里的伙伴在上班路上，会随手捡起树叶带来；最近，家中亲戚刚给小熊准备了一箱落叶。有人告诉他们："偶尔不如意的时候，想到这个城市里还有你们在默默做着喜欢的事情，就觉得动力满满。"

小熊和小哲乐意别人在"荒石公园"中看到，永不放弃做自己喜欢做的事情，会有怎样的收获。"我们愿不愿意去做一件事情，愿不愿意投入你的时间和精力，应该是与喜欢有关系的，才会有相互滋养的过程。"

（本文原载于2018年4月2日《华西都市报》

封面新闻记者：李媛莉）

第三编

成都物候记

成都街头，有多少知名和不知名的植物共享旖旎的四季风光，忙碌的人们常常忽略了身边的这些大自然的"信号"，默默不语的植物里却隐藏着季节、气候和人文历史秘密。"成都物候记"用植物和节气的新方式，打开成都这座城市鲜为人知的隐秘一面……

锦江春色来，两岸花撩人

立春日，锦江边一树梅花唤醒了这个城市的又一个春天。

立春以前，川西的物候风景仍然带着几分冬的萧瑟，不过，随着立春后连续数日暖阳，成都平原的气温迅速增高，积温迅速增长，春天便忽如其来地到来了。

同样在这样一个早春，已五十而知天命的杜甫，在成都浣花溪畔结庐而居，新建的草堂以白茅覆顶，草庐一间可俯瞰郊野青葱春色。从此，杜甫结束了"漂泊西南天地间"的日子，在草堂安定下来，成都的春光是诗人一生最为美好的回忆，他在这里更留下了无数绝佳的诗篇。

"舍南舍北皆春水，但见群鸥日日来。花径不曾缘客扫，蓬门今始为君开。"多年后，人们也不知道是因为杜甫有了新居，还是因为成都早春的明媚，反正字里行间，都看得出他从心底透着高兴。

这是一个只要冬天出点太阳就会全城都高兴的城

市，何况立春后又是阳光和煦，春风拂面。于是，单身宅男也走出了家门，漫步于锦江畔，但见那白鹭飞翔，柳芽吐绿，梅花朵朵，海棠深红；又看那望春花亭亭玉立，如雪似云又落落大方；再看对面来的谁家女子，竟然生得如此春色满面、美丽非凡？阳光暖暖，春心萌动，公园草坪中一株贴梗海棠，长着枝刺的嶙峋枝干上，满树花朵盛放，一只摇着尾巴单身的狗在花丛间露出了一脸蠢萌的幸福和期盼。

贴梗海棠与木瓜

贴梗海棠来自蔷薇科木瓜属，立春后，成都锦江两岸的贴梗海棠就已经开得极为灿烂，它们的花朵大多极为鲜红明艳，三到五朵簇生在一起，"千点猩红蜀海棠，谁怜雨里作啼妆"。尽管在《群芳谱》中，古人将木瓜属的贴梗海棠同列入了"海棠四品"之中，但这贴梗海棠虽有海棠之名，却并非真正的海棠花。喜爱海棠花的陆游在成都曾写过无数的海棠诗，但他这首海棠诗中的这一树猩红鲜绿，讲的却是贴梗海棠。

真正的海棠花是蔷薇科苹果属，总是开在成都春光最美的时候。陆游在另一首海棠诗中写下"政为梅花忆两京，海棠又满锦官城"，这里写的便是苹果属的海棠花了。成都满城海棠绽放时，谁又能不为之心动呢？只是尚在立春时节，海棠花除了个别性急的枝条会零星地蹦出几朵花来，和猩红鲜绿一树花开的贴梗海棠不同，此时的海棠花光秃秃的枝条看上去极为低调。不过，这个时候海棠花枝已在悄悄孕育花苞，它们一直在等待着盛春时节猛然间给你一树绽放的惊喜。

和苹果属有着长长花梗的海棠花不同的是，贴梗海棠的花梗极短，贴梗而生。当海棠花开放的时候，贴梗海棠花期已过，早已花瓣零落，这时花朵的子房却开始一天天膨大，随着时间推移，渐渐发育出果实。木瓜属植物结出的果实就叫木瓜，贴梗海棠还有一个名字便叫作皱皮木瓜，这也是它在《中国植物志》中的名字，只是这个名字并非说它结出的果实是皱的，而是在过去，木瓜属的两种植物以干燥后的果实入药时，木瓜本种是光滑的，而皱皮木瓜果实干后是皱皮的。

立春后不久，四川大学一处极不起眼的角落里，很少有人会注意，木瓜悄悄地开出了粉红色的花朵。和花朵簇生在一起的皱皮木瓜不同，木瓜的花是单生的，花瓣淡粉色，显得更加的清灵可爱。

"投我以木瓜，报之以琼琚"，木瓜这个从《诗经》中走出的古老爱情信物在中国有着极为悠久的栽培历史。和大街小巷处处可见的园林植物贴梗海棠相比，木瓜在成都街巷已不太容易见到。无论是皱皮木瓜还是木瓜，它们的果实都极为酸涩粗粝，实在不堪一吃。不过，因为木瓜果实可爱，还能够长期保存而不腐，加之香气怡人，所以常成为观赏把玩的供果。

不过今天，对于好吃会吃的成都人而言，木瓜有了更为重要的实用功能。春天来了，与其傻乎乎地用木瓜去砸妹子，不如用这木瓜做一道木瓜酸汤鱼，酸鲜爽口，唇齿留香，那才是让人终生难忘，心中默默点赞；亦不必等着报之以琼琚，加微信多好。

玲珑剔透望春花

"起登高阁望春来，浅白深红次第开。"无须刻意打望，最美的春色就已将我们萦绕。从这时开始，成都的街头，都会是属于蔷薇科和木兰科开花树争奇斗艳的舞台，它们浅白深红，开得轰轰烈烈，眼花缭乱，不辨彼此，盛放在我们城市的每一个角落，伴随着从早春到盛春中成都最美的时光。

立春，春色之中的锦江两岸又到了木兰科植物绽放的时节，随意行走在锦江河边的绿道，眼前也许就会突然出现一大片盛开的望春花，它用自己的清新高雅，在成都街巷之中宣示着春光。

早在西汉时，居于成都的扬雄曾写下"被以樱梅，树以木兰"之句，在那个时候，成都春天的市井间巷之间，便已经为各种木兰属的开花树装扮点缀。而川西蜀地的山水之间，更分布着众多的木兰属植物。

阿拉伯婆婆纳星星闪闪

立春后，锦江绿道的草坪上，出现了阿拉伯婆婆纳星星闪闪的蓝色小花朵，这种小草本拥有迷人的宝石蓝色的花冠，花冠四裂，形似两侧对称的四个花瓣，每一个花冠裂片上有着放射状深蓝色条纹，两枚雄蕊极为骄傲地挺立于花冠之上，雌蕊柱头低眉做小的夹在他俩的中间，在春日的阳光下，显得精灵可爱又俏皮。

阿拉伯婆婆纳虽说名字听起来挺奇怪，不过，对于这种早春总会适时出现在成都绿地草坪上、热热闹闹地开出无数蓝色小花的植物，许多成都人都会觉得分外的眼熟。它还以星星点点的蓝精灵形象，获得了众多成都人的青睐。"苔花如米小，也学牡丹开。"作为一种"励志"的杂草，经过了上百年的努力，阿拉伯婆婆纳实现了一个小目标，它终于成为整个中国南方早春草坪上最常见的杂草之一。

在此之前，它本是一种异域植物，来自车前科婆婆纳属，原产于中东地区，中国南方并非这种杂草的家乡。不知从什么时候起，这种外来植物进入中国，在远离家乡的异域不断地扩大自己的领地。在中国60余种婆婆纳属植物中，唯有阿拉伯婆婆纳用星芒一般闪亮的蓝色小花朵让其他众多的婆婆纳属植物在气质上与它相去甚远。那早春草坪上点缀的迷离蓝色，令它的妩媚显得极有格调，尤其是对每一个渴望浪漫的人来说，这无疑是一个致命的诱惑。

只是，它可不是靠着诱惑人类的宝石般的蓝色小花来获得成功的，而是它极好地适应了长江沿岸及西南部分地区的旱地，还能通过有性和无性两种繁殖方式不断繁衍后代，于是，阿拉伯婆婆纳在中国扎下了根，不断开枝散叶，子孙繁茂，并发展成为杂草中的优势居群。

毫无疑问，一个没有什么华贵身份的外来入侵杂草，竟然能让成都早春的草坪有了几许高贵典雅的特征，阿拉伯婆婆纳的奋斗史在某些人的眼里应当是可以写出一部成功学著作的。

阿拉伯婆婆纳　孙海摄影

青城报春随风绽放了

立春之日，川西的山野会是谁来播报春天？

青城报春在微风中微微颤动，笑了起来。幽暗的林中，它淡紫色的花冠好似春天里亮丽的一束光。

成都以西的西南山地，当残雪未褪时，青城报春就随着第一缕春风绽放了，它娇小柔弱的曼妙身姿，明亮光洁的花瓣，在早春的林间溪谷显得极为柔美，气质非凡。青城报春全身光洁无毛，植株全株光滑，无毛也无粉，和它精巧的身姿相比，它的花朵显得很大，花姿亭亭玉立，淡紫色花冠的喉部还有一个十分突出的环状附属物。青城报春是一种四川特有的植物，分布范围十分狭窄，这是一种如隐士一般的野生报春花，仅分布于四川都江堰一带的山地林间。

报春花属植物的花大多小而精致、色彩缤纷、粉嫩清新、可爱无比。这是一个拥有500多位极为美丽的成员的庞大家族，沿喜马拉雅山两侧至云南、四川西部是报春花属的现代分布中心。青城报春、宝兴报春、川西燧瓣报春、川北脆蒴报春、二郎山报春、彭州报春、峨眉苣叶报春、大叶宝兴报春、绵阳报春……这些独具地域特色的名字昭示了川西山地令全世界花卉植物爱好者艳羡的报春花资源。

每一种报春都有自己独特的气质和魅力，它们在山道边、在湿润的林下、在山坡或石壁上开放，随着川西山地的海拔不断上升，春天的步伐会变得越来越迟缓。因此，那些生长在高原地带的报春花，花期也就会随着海拔的不断上升而慢慢向后推移，由春入夏始终相伴着川西的春天。于是，成都这座遥望雪山、坐拥"中国的西部花园"的绝色城市的春光是值得每一个人期待和珍惜的。

（本文原载于2019年2月25日《华西都市报》　作者：孙海）

荠菜、鹿耳韭唤醒了思念春色的胃

立春之后，几天的连续暖阳催发了无数花朵，之后的天气并未如人们期盼的那样一天天地温暖起来，反而像小孩儿的脸一样阴晴不定。《月令七十二候集解》说："东风既解冻，则散而为雨矣。"终于，物候在雨水日之后，成都进入冷雨绵绵的早春。

雨水时节，连日阴雨阴湿难耐，刚刚被立春后成都明媚阳光撩拨起来的心，随着气温的迅速降低又沉寂起来。许多年前，陆游大概也有着同样的心情起伏。"我昔薄游西适秦，归到锦州逢早春。"在一个阳光和煦、水光潋滟的早春，已到天命之年的陆游来到了成都，刚刚入蜀的他连连惊叹锦城草木春色之美。然后，天气又很快变成了多雨的季节。"风雨从北来，万木皆怒号。入夜殊未止，声乱秋江涛。"望着在风雨中坠落的花瓣，陆游又写下了这样的诗句。

然而，哪怕相伴着风雨，物候的生发并不会随着人们心情的低落而有丝毫的停顿。春已至，万物正在复苏，川西大地正接受着雨露的滋润，雨水中孕育着生命与希望。

中华蛇根草　隐于山野低调绽放

就在这纷飞的细雨之中，离成都市区不到80公里的大邑西岭群山山谷中，在郁郁葱葱的常绿阔叶林间，山中溪水正欢快地奔流。溪畔，一丛丛中华蛇根草在雨中开出了娇艳的粉紫红色花朵。

"山上的野花为谁开又为谁败，静静地等待是否能有人采摘？"中华蛇根草是来自茜草科蛇根草属的草本植物，它们一直低调地生活在川西的山谷林间，这是一种在中国南方分布很广泛的植物，虽然中华蛇根草也是一种我国特有的植物，不过和其他大红大紫的中国原生植物相比，许多年以来，它们却名声不显、毫不张扬、默默无闻。在一个群芳争奇斗艳的早春季节，低矮的中华蛇根草却隐于山野道旁，在雨中热闹而低调地绽放。虽然它们的小花也显得极为可爱，但细雨之中从它们身边匆匆路过时，很少有人会为它们停下脚步，留意到它们也有如此娇羞的容颜。

小雨中的中华蛇根草显得极为灵动清爽，无数的小花组成了一个顶生而多花的花序，上面还带着晶莹剔透的水滴。中华蛇根草的小花结构也颇为精致，它们有着管状漏斗形的花冠，花冠从粉白到紫红，花的喉部还有细小的绒毛。这种小花还分成了两种不同的形态，一种是雌蕊花柱异长的长柱花，长柱花的花柱常伸至管状小花的喉部或管口之上，柱头二裂，短柱花的花柱却隐藏在花冠管的中部。

小小中华蛇根草的这种结构精巧的两型花的背后，隐藏着这种低调的草本植物极为聪明的"心机"，在自然演化的历史中，毫不张扬的蛇根草选择了对自己最为有利的生存繁衍技能。这是一种以虫媒作为主要的传粉途径的小花，当昆虫采蜜的时候，它们的头部会触碰到花冠筒口部的器官，从而将其长长的口器伸入冠筒下部。每一朵花上的雌蕊想要授粉后怀上健康的"小宝宝"，就要避免"近亲自交"，所以同一朵花中雄蕊上的花粉是不起作用的，它们需要的是另一朵花里雄蕊的花粉。

两型花的柱头位置与雄蕊刚好相反，因此昆虫头部沾上的花粉定是短柱头的花的，而头部又只能碰到长柱头，反之口器沾上的花粉又一定来自长柱头的花，而只有碰到短柱头的花时，口器的花粉才能接触柱头。这样一来，传粉的花受精率变得非常高效，便能够充分获得健康饱满的种子。

"心思不能言，肠中车轮转。"看着中华蛇根草在雨中含羞带怯，一副小心翼翼的防备样子："哼，你们的小秘密啊，我早已知道。"

耳状人字果　人见倾心我见犹怜

"江深竹静两三家，多事红花映白花。"锦江的江岸，杜甫在早春的春色中漫步，红的是桃，绿的是竹，白的是李，江中泊着的是通向东吴的船，西边的天际是白雪皑皑的西岭群山。

早春的川西山野，流水潺潺的峡谷林间，没有桃红李白，和开着粉紫红色小花的中华蛇根草做好伙伴的，是开出白色小花朵的耳状人字果。

耳状人字果来自毛茛科人字果属，这种多年生全体无毛直立小草本，一眼看上去便会给人以貌美肤白、清朗俊俏的良好印象。人字果属是分布于亚洲东部到喜马拉雅山区一带的毛茛科下一个成员不多的小属，耳状人字果主要分布于我国的西南，生活在1500米以下湿润的低海拔山地，和中华蛇根草一样，耳状人字果也是中国特有的野生植物。

耳状人字果有极为显眼的二回鸟趾状复叶，中间是一枚草质菱形的大叶片，两边侧生着两枚不等大的小叶片，就像两个可爱的小耳朵，这也是它们名字中"耳状"的来历。早春二月，在细密的春雨的滋润下，耳状人字果开出了极为清纯靓丽的白色小花，在小花的"白色花瓣"之中，在许许多多花蕊间，还有五颗金黄的"黄宝石"闪闪发亮。于是，每当这种川西山野中的野生小草开花的时候，那种楚楚动人的风采，总是让人一见倾心、我见犹怜。

不过，大多数人都误解了它的花，耳状人字果在春雨的滋润下开出的，并不是白花，那些清纯动人的"白色花瓣"，其实是全都是它的花萼片，耳状人字果开出的其实是金黄色的花，它们真正的花瓣只有五枚，便是躲藏在二十余枚雄蕊中，那五颗闪闪发亮的金黄色的"黄宝石"。

毛茛科是一个成员众多的大科，包括约60个属2500余种，它们广泛分布于世界各地。有许多的毛茛科植物都已经没有了真正的花瓣，比如美丽的观赏植物银莲花，还有一些植物，它们的花瓣演变成了亮晶晶的蜜腺状，不过它们的花萼片却变成了花瓣的样子，同样的缤纷美丽。

耳状人字果真正的花瓣就演变成了极微小的、金黄闪亮的、蜜腺一样的小花瓣，在川西幽暗的森林中，这五枚在白色的花瓣状的萼片中亮闪闪的金色花瓣，它们的作用就是去吸引和欺骗那些以视觉见长的昆虫，就像在对它们唱着一首甜蜜诱惑的歌：

"来啊，快活啊，反正有大把时光，来啊，快活啊，我这儿有甜蜜的风光。"

鹿耳韭　苔藓层中发出的诱惑

"天街小雨润如酥，草色遥看近却无。"春雨淅淅，成都平原和山川田野之间，许多熟悉或不熟悉的小草们纷纷冒出了头，点缀着春色大地，小雨如酥，春雨如油，撩动着一个个成都人对山野的向往，也唤醒了思念春色的胃。

雨过天晴，鸟鸣婉转。阳光透过雨水滋润过的川西山地的森林，鹿耳韭那两枚油绿绿的、像小鹿耳朵般的、卵圆肥厚的叶片从厚厚的苔藓层里冒出头来，透过林下的阳光，满山坡肥美的小鹿耳朵就像是在对每一个懂得它的人轻声地召唤：

"来吃我，我很好吃哦。"

鹿耳韭是来自石蒜科葱属的植物，是我们餐桌上的葱、蒜、韭菜在山野中的近亲。在过去，以葱、蒜、韭为代表的餐桌美味一直是被分配在百合科之中，它们一度也曾闹过独立，成立了葱科。只是后来，随着分子生物学的发展，人们对植物世界的认知也越来越深入，于是葱、蒜、韭菜它们就集体改换了门庭，告别了百合科加入到了石蒜科的门派。葱属植物作为一种很普遍的调味品或蔬菜，与我们的日常生活关系紧密，很早以前就被人类熟悉和食用。从此，以产生有毒植物如水仙、石蒜、朱顶红闻名的石蒜科，也不再让人闻之色

鹿耳韭　孙海摄影

变，无论是葱、蒜，还是韭菜，这些古老的食材，都带着无比的诚意出现在我们的餐桌上。

不过，经过了一个冰雪覆盖的冬天，只有最资深的吃货，才能感觉得到这一场春雨滋润过后，川西高山密密的森林下无数的小鹿耳朵冒出头来的样子，那是鹿耳韭躲藏在厚厚的苔藓层中，对你渴望春天的胃发出的诱惑。

鹿耳韭在中国植物志中的名字叫作卵叶韭，这种葱属的野韭和我们常见的长条叶韭菜长得完全不同，它们总是成片生长在海拔2000米以上的高山森林下和阴湿的山坡。和我们常见到的葱、蒜、韭菜不同，鹿耳韭有两片卵状的小鹿耳朵一样的宽大叶片，采摘下它，你会深刻地体会到汁嫩肥美的感觉，你的手上也会有一股浓浓的韭菜香气，而它的味道远比韭菜更加鲜美醇厚。

荠菜　采采珍蔬不待畦

这个时候，在成都平原，在城里城外，一种极不起眼的低矮小草也正在雨丝中努力地舒展起身躯，开出了白色的小花，甚至还有一些性急的植株已经结出了像小钱包一样的三角形果实。它们是每个成都人都十分眼熟和亲切的小草，总是好多株成片地长在一起，在早春的暖阳下，它们总是懒懒散散的样子，微小的白花，十字形的花冠和三角形的短角果就是它们身份的标志。

这种看起来极不起眼又十分熟悉的植物，是荠。荠也叫荠菜，古往今来，许多人对这种植物的熟悉和喜爱超过了其他众多的野菜，荠菜这种不起眼的野菜给人们带来的味觉上的满足，最早可以追溯到《诗经》中的吟唱："谁谓荼苦，其甘如荠。"如果没有吃过这味苦的苦菜，你又哪里知道荠菜的可口甘甜？

不过，说起吃荠菜，却不能少了陆游，"采采珍蔬不待畦，中原正味压尊丝"。这种挽起袖子挖荠菜的劲头和干劲，在今天也许只有锦江边跳广场舞的大妈才能相比。辛弃疾也不甘寂寞，"城中桃李愁风雨，春在溪头荠菜花"。雨水的时节，下点小雨算什么，正是吃荠菜的日子，最明媚的春色当然就是在溪头的那一片水灵灵的荠菜花中。

很难有别的野菜能有荠菜一般的地位，人们对荠菜的这种追捧，竟然传承了上千年而不衰。作为春天草坪上的一种野草，极为寻常的荠菜从未被人忘记。它不但满足了我们思春的胃，还浸润了我们的心田，哪怕今天，它仍然只是城里城外、早春的野地与草坪之间，来自十字花科荠属一种广布于欧亚大陆温带地区的野生植物。

（本文原载于2019年3月4日《华西都市报》　作者：孙海）

玉兰花娉婷，翠萼带春寒

九天开出一成都，万户千门入画图。

草树云山如锦绣，秦川得及此间无。

2月刚过，连日阴雨戛然而止。2019年3月的清晨，蓝天白云和明媚的阳光出现在成都，走出家门，成都人猛然发现，蓝天白云之下，美人梅在盛放！红叶李在盛放！玉兰花在盛放！河堤边的野迎春在盛放！红的白的黄的粉的，五彩缤纷、万紫千红，于是满城皆狂，如醉如痴。

"天初暖，日初长，好春光。万汇此时皆得意，竞芬芳。"写下这首《春光好》的人，是五代后蜀国一个叫欧阳炯的成都人，这种对蓝天白云、阳光春色突至的欣喜，成都自古以来便是如此。站在蓝色天空下绽放的一树玉兰花前，你会发现被压抑日久的潮湿阴郁的心情，一瞬间就得到了完全的释放。

那一年，锦江之畔的散花楼，太白从一场醉梦中醒来，窗外不再有淅淅沥沥的雨声，变得分外宁静，推开窗，锦江两岸竟已是春色无边。绚烂的春光就是这样突如其来、不期而至，中间没有任何的过渡和缓冲，便已经将你置身于成都最美的春色中。

望春玉兰　捕捉春的气息

早春开放的玉兰花和望春玉兰都有"望春"之雅名。二十四番花信风中，望春为立春三候。不过在中国南方，立春后率先开放的，并不是真正的玉兰花，而是玉兰属的望春玉兰。望春玉兰也是成都街巷间最早开放的玉兰属植物，它们差不多和樱桃花同时开放。难怪，在《中国植物志》中，"望春"之名会被正式地放在这个并不算太显眼的玉兰属植物上，而望春玉兰的花期也极贴合立春三候的提法。

立春后，成都冬天的尾巴还没有过去，望春玉兰便捕捉到了春天的气息，光秃秃的枝头上，一个个形如笔头、毛茸茸的花苞就羞答答地打开了。望春玉兰看上去只有六枚花瓣，其实它最外面还有二个极小的"花瓣"藏在了毛茸茸的芽鳞中。和华丽大气的玉兰花相比，望春玉兰白色的花朵显得小而朴素。

立春过后，望春玉兰便匆匆凋谢，此时，大约已到了雨水的季节，由雨水入惊蛰，成都才真正进入多种玉兰花盛放的季节。对于各种不同的玉兰花，生活于都市中的人并不需要太在意分清它们之间的关系和让人头疼的古今名字，往往一概以颜色而分，多以白玉兰或紫玉兰（二乔玉兰）相称。白玉兰总是先开，然后紫玉兰跟随而至。白玉兰茂密繁多，望之如雪；紫玉兰一树繁花，香绕紫苞。总之，见到玉兰花开了，成都最美的春天便到了，这反倒是合了望春的本意。

望春玉兰虽有望春之名，因姿容朴素，在园林运用上远逊于玉兰花，望春玉兰的名字也是今人所起，所以，算不上是真正的"望春花"。玉兰花的花姿雍容华贵，早在宋代便有了"应春树"或"迎春树"之名。这种中国传统的观赏花卉，很早以前就在中国古代城市的宫庭院落间被栽植观赏。

二乔玉兰　从早春开到盛春

　　和望春玉兰相比，玉兰花的花朵要大许多。玉兰花有极为怡人的芬芳气息。明人王象晋著《二如亭群芳谱》，书中说："玉兰花九瓣，色白微碧，香味似兰，故名。"白玉兰有九个长得差不多大的"花瓣"，分呈三轮排列，一树花开，霓裳片片，芳香怡人。

　　玉兰花常植于庭院之间，树有极大者，笼盖一庭，春日花开时，美艳不可方物。爱花成痴的李渔就说："世无玉树，请以此花当之。"王世懋之兄，明代文学家王世贞在园林笔记《弇山园记》中提及："弇山之阳，旷朗为平台，可以收全月，左右各植玉兰五株，花时交映，如雪山琼岛。"然而，玉兰花极怕雨，如盛开时恰遇春雨，一夜之间便七零八落，繁花不再。李渔就曾直言："众花之开，无不忌雨，而此花尤甚。一树好花，止须一宿微雨，尽皆变色，又觉腐烂可憎，较之无花，更为乏趣。"

　　玉兰花开后，春意始浓时，紫色二乔玉兰又开始满城绽放，一树紫花自有一种华贵的气度。关于二乔玉兰的名字，有个极流行的传说是花名得自三国时名动天下的美女大小二乔，以此花名喻其花姿优雅娇媚如美人。见到二乔花开，总会不自觉地想起杜牧《赤壁》诗："东风不与周郎便，铜雀春深锁二乔。"

　　其实，二乔玉兰是玉兰与紫玉兰杂交、人工培育而成的栽培品种，"二乔"的本意亦是指双色，为两种植物的杂交。1827年，法国园艺家将两种木兰属植物玉兰花和紫玉兰进行杂交，得到了世界上第一种被园艺界正式记录的人工培育玉兰杂交品种，这就是今天在园林中运用极广的二乔玉兰的前身。

　　其实，杂交的二乔玉兰在中国古已有之，因花开两色，古称"双色玉兰"，多用紫白二色不同的玉兰品种嫁接。北京潭柘寺至今尚存两株树龄已400多年的明代双色玉兰。如今，以玉兰与紫玉兰这两种木兰属植物为重要亲本，通过杂交得到的二乔玉兰杂交品种已经有了数百种，色彩从纯白、微粉直到深紫，不同品种的二乔玉兰花期也从早春一直持续开到盛春。

　　二乔玉兰是极为优美的观赏乔木，在成都城市街巷间极为常见。二乔玉兰有着玉兰花一般的高大身材，又有着低矮的灌木紫玉兰的华丽色彩，无论是孤植或是丛植，都极为美观。

紫色二乔玉兰 孙海摄影

　　因为二乔玉兰的"花瓣"多从浅紫色到深紫色不同，许多人都会将其称作"紫玉兰"。而真正的紫玉兰却是低矮的灌木，在春色中开出一树紫花。成都周边的川西山野中还有紫玉兰原生种分布，只是如今，因为有了身材挺拔的二乔玉兰，紫玉兰在城市里反倒是不太容易见到了。

　　除了望春，从古至今，玉兰花更有无数的别称雅号。宋代以前，玉兰常称"木兰"，汉代辞赋家司马相如游梁时作《子虚赋》云："桂椒木兰，洛阳宫殿簿显阳殿前有之。"另一位蜀中文豪扬雄在描述成都风物的《蜀都赋》中也写下："被以樱梅，树以木兰。"

　　玉兰为生命悠长的落叶乔木，在漫长的岁月里，它们可以生长为高可达25米、胸径1米的参天大树。玉兰树的材质优良、结构细密，可为栋梁之材。南朝梁任昉著《述异记》中记载："木兰洲在浔阳江中，多木兰树。昔吴王阖闾植木兰于此，用构宫殿也。"

　　任昉在《述异记》中还记载了这样一个传说：在七里洲中，有一艘由木兰树刻制的舟，人们称之为木兰舟，相传为鲁班所刻。因为这一传说，后人在文章诗词中又多以"木兰舟"或"兰舟"作为舟船的美称。"几度木兰舟上望，不知元是此花身。"

玉兰花在历代的各种别称中，最为有趣的一个名字却是"女郎花"。宋代诗人陆游晚年在大病之中望见窗外一树绽放的辛夷花，将它幻为一个高洁而又妩媚的女子，作《病中观辛夷花》赞道："粲粲女郎花，忽满庭前枝，繁华虽少减，高雅亦足奇。"院中一树紫玉兰，给了病中的陆游以莫大的慰藉。以至于陆游最后在诗中说："明年傥未死，一笑当解颐。"

为玉兰取女郎花之名，最早出自唐代的白居易。白居易曾作《戏题木兰花诗》："紫房日照胭脂拆，素艳风吹腻粉开。怪得独饶脂粉态，木兰曾作女郎来。"玉兰花九枚白色花被片的基部常常带着粉红，花朵素中有艳，看上去就有了女儿妆容一般的"脂粉态"。在另一首《题令狐家木兰花》中，白居易又写下："从此时时春梦里，应添一树女郎花。"

此后，白居易又赴杭州任上，一日前往灵隐寺访寺僧酬光上人，又见到寺中红色的辛夷花，便在灵隐寺壁头写下一首《题灵隐寺红辛夷花戏酬光上人》："芳情香思知多少，恼得山僧悔出家。"白居易在诗中戏谑说，大和尚你每天面对着女郎花的芳情香思，这样的情深深雨蒙蒙，现在后悔出家了吧。

玉兰花于早春盛开，九枚花瓣分三轮展向四方，清香阵阵，沁人心脾。屈原《楚辞·离骚》写下"朝饮木兰之坠露兮"，记录了两千年前，楚国贵族朝饮玉兰花露的风雅。

百花萌动的时节，偶尔不妨用舌尖去体会春暖花开，一边赏花一边品尝春花做成的精致食物，实在是件令人惬意的事情。为人们打望春光的玉兰花，便是春花中极好的食材。

石海椒　毫无麻辣脾性的美

河边的公园绿地上，一丛石海椒也不甘寂寞地开出了明黄色的花朵。海椒在讲西南官话的地区指的就是辣椒，石海椒这植物名，一听上去就带着几分西南特征。不知道是不是因为它们倒卵状椭圆形有叶柄的纸质叶片，看上去和辣椒叶子有几分相似的原因，加之性喜生长于石灰岩土壤上，虽说和辣椒毫无关系，最后石海椒却成就了这种植物的大名。这是一种分布于我国南方地区的小灌木，在西南地区极为常见，如果不留心，很容易把它们和河堤上盛开的野迎春混淆。它们都会在早春开出明黄色的花，看起来它们的花朵也极为相似。

虽说长得极为相似，不过石海椒和野迎春却是完全不同科的两类植物，石海椒来自亚麻科，野迎春来自木犀科。石海椒是直立小灌木，花虽然是黄色，但是有着分离的五枚花瓣。而野迎春往往是一种常绿的亚灌木状的枝条下垂的灌木，它的花冠是合成在一起的管状花，看起来像花瓣的实际是它们的花冠裂片。

"鸟去天路长，人愁春光短。"面对满目春光，群莺飞舞，蝴蝶翩跹，蜜蜂嗡鸣，这个时候还分什么桃李樱杏，辨什么望春迎春，争什么花瓣花冠。不如趁天正好、花还在，念上一句"黄花花黄黄花黄，花黄黄花朵朵黄"，赶紧出门和春天约个会才是正经事。

沙河边　狂野盛开的野迎春

"金英翠萼带春寒，黄色花中有几般？"一夜之间，沙河河堤上已满是野迎春明亮的黄色花朵，在河边的绿地公园中，还有开出同样黄色花朵的石海椒。春天的各种缤纷色彩中，黄色总是最为醒目。

野迎春又叫云南黄素馨，和迎春花同属木犀科素馨属。许多人会把野迎春不加区分地都叫作迎春花。不过，在中国西南地区，野迎春在园林的应用上远比迎春花要多得多。野迎春的花更大，花冠裂片开展得比迎春花更加宽阔，开花量也要大得多，花期也非常长；而且开到后来，花叶同枝，黄花相伴绿叶，极为醒目。真正的迎春花还是在北方更为常见一些，容貌也更为清秀。

很快，整个沙河河堤的堤岸都是野迎春下垂的枝条上流动的金黄色，比起婉约了许多的迎春花，野迎春盛开起来更为狂野，开一个虎虎生风，开一个一日千里，开一个恍如隔世。有野迎春耍泼撒野，迎春花还算个什么？野迎春宽阔的花冠裂片就像在对着春光咧着嘴笑，又像在肆无忌惮地宣告：这条沙河的春天都归我野迎春承包了。春风中，河堤上柔美的柳枝已垂下万千条绿色的丝绦，芳草萋萋杨柳依依，一副含情脉脉的样子，仿佛在说：这野小子，你笑得越无邪，我就会爱你爱得更狂野。

青城细辛　长相邪异毫无颜值

川西的山野春光无限，每个成都人都有了一颗蠢蠢欲动的踏青寻花的心。然而，有些花儿，如果你不刻意去寻，哪怕你无数次路过它们的身边，依然会对它们视而不见。春三月，隐居在川西山地阴湿林地草丛中的青城细辛悄悄地开出了暗紫色的花朵。

青城细辛是马兜铃科的植物，来自细辛属的杜衡组。细辛属均为多年生草本，全属约90种。它们都有着长而匍匐横生或向上斜伸的根状茎，地面部分通常没有茎干或茎干极短，细辛属的植物因其地下茎纤细而有辛味，故有细辛之名。

青城细辛也叫花脸细辛和花脸王，它的叶面中脉两旁有白色云斑，看上去就像戏曲舞台上的大花脸，这让她显得格外与众不同。青城细辛可以比较容易地在园林中种植，它们宽大的心形叶面可以覆盖园林地面草坪，叶面的白色云斑也十分耐看，这是一类适应阴湿的、很有吸引力的观叶地被植物。

细辛属植物开花时，如果你不认真找一找是很难发现它的。原来，这类植物的花大都单生于叶腋，多贴近地面，藏在了它心形的叶面下。要寻找到它的花，就得拨开它像裙边一样的叶子，你才会发现它长相怪异的花：它们的花被片分裂成三瓣，悄悄地隐藏在叶面下。青城细辛和大名鼎鼎的同属植物杜衡很接近，它们的花喉部多有膜环，花被管内壁有纵脊或格状突起的网眼，花被裂片基部有乳突皱褶，总而言之，它们的花都长得极为怪异。在美丽的春光之中，上山只为去寻找青城细辛这种长相邪异、毫无颜值的花肯定是无趣得很。

哪怕是再平凡的小草，也想有它自己的传奇。很久很久以前，在华夏南方一个诗情画意的春天，从山野中走来了一个山鬼，多情的山鬼那美妙的身段上，缠满了纤细的女萝藤。她身披着翠绿的石兰叶和芬芳的杜衡草，载歌载舞，开始了寻找爱情的游戏。于是，有个叫屈原的诗人这样写道："被石兰兮带杜衡，折芳馨兮遗所思。"

铁筷子　在山野中演绎自己

雨水季后，沿着岷江河谷上行，在冰雪覆盖的群峰下，山坡依然是草色枯黄。一周以前，这里还覆盖着厚厚的冰雪。温暖的阳光是冰雪的天敌，覆盖山野的皑皑白雪在阳光的照耀下慢慢融化。此时此刻，在初春和煦的阳光里，在西南山地林间灌丛下，一丛又一丛铁筷子身躯坚挺，迎着蓝天和阳光，绽放出了极为惊艳的花朵。

铁筷子是毛茛科铁筷子属多年生草本植物，属内有20多个物种，在中国只有铁筷子一种分布，川西的高山是它们的故乡。因为它直立的地上茎干的颜色和韧性犹如铁质的筷子，故而得了这样一个听起来颇为刚健的名字。

铁筷子的花从外表看起来很像是有五片"花瓣"，颜色也有从粉红色到深红色的变化，这些"花瓣"上还有像毛细血管一样的深紫色条纹，这些"花瓣"实际上是花瓣状的萼片。而铁筷子真正的花瓣已经变态成为杯状的蜜腺，这些变态的花瓣有8～10枚，淡黄绿色，圆筒状漏斗形，环绕成一圈生长在萼片的基部。

在它们的蜜腺里面，存放着甜美的花蜜，吸引蜂类前来采食花蜜时帮助传粉。所以，铁筷子是典型的虫媒花。花授粉后，萼片并不会脱落，会宿存在花上数个月，随着果实的成熟，萼片也会慢慢变成绿色。据说，这种宿存的萼片有助于它种子的发育。

春天来到川西群山，岷江河谷，就在离成都如此之近的高山林间，竟然会有如此美妙精彩的生命正在悄悄绽放。在这蓝天白云之下，空寂的山野中，铁筷子静静地演绎着自己的生命历程，并不在乎是否有人为它们喝彩。

川西山野最美的春天已经来到了。

（本文原载于2019年3月11日《华西都市报》　作者：孙海）

成都海棠十万株，繁华盛丽天下无

惊蛰。大地回暖，万物复苏。看花吃酒唱歌去，如此风流有几人？面对成都的春光美景，谁又能不为之心动？梨花、杏花、李花、桃花、海棠花、油菜花，这是一个注定要为看花而奔忙的季节，这个时候，陆游会说："我游西川醉千场，万花成围柳著行。"

桃花　人面桃花相映红

早春二月，菜花黄了，李花白了，杏花也开了。然而，最美的始终还是桃花。春天是最美好的恋爱季节，《周礼·地官》中说："仲春之月，令会男女，于是时也，奔者不禁。"就在这样桃花盛放的春色之中，年轻的大唐诗人崔护结束了在长安的科考，独自在城南踏青游玩，在一处桃花掩映的山庄中，崔护邂逅了一位清纯美丽的少女，从此，这宛若桃花的姣好面庞便在崔护的脑海中挥之不去。于是，在来年桃花又一次盛开的时季，他再次前往城南，只是房门紧闭，屋中已不见了人影，怅然若失之中，崔护提笔在房门上写下了这样一首桃花诗：

> 去年今日此门中，人面桃花相映红。
> 人面不知何处去，桃花依旧笑春风。

"桃之夭夭，灼灼其华。"用明艳灼灼的桃花来比喻一位待嫁的美丽的女子，这一段无比美好的诗句，被中国人歌咏传唱了数千年而不朽。每当桃花盛开的时候，朵朵桃花下总是有数不清的赏花人，春天里永远不能没有桃花，如果没有桃花便如同没有经历过春天。桃花开于仲春二月，桃红柳绿之中，女孩子精致的脸庞和美丽的妆容与万千朵桃花相映，成为春光中最令人心醉的景色。

那一年，在成都西郊浣花溪畔建成草堂，刚刚安定下来的杜甫，在一个阳光明媚的日子，独步于黄师塔前锦江之畔，于春光困倦之中倚住微风，看那桃花朵朵如此绚烂绮丽。此时的杜甫已年过半百，锦江边这深红浅红的春日桃花，给了他莫大的慰藉。

> 黄师塔前江水东，春光懒困倚微风。
> 桃花一簇开无主，可爱深红爱浅红？

海棠　浅深红腻压繁枝

三月的春色中，海棠花开得正好，阳光温暖而明媚，海棠的花瓣在光线映射下散发出旖旎变幻的光芒，仿佛一位娇俏动人的女子，在光影间舞动着自己轻灵的身姿。成都栽种的海棠花数量极多，所以，不必说哪有海棠，而是处处都有海棠。"昔闻游客话芳菲，濯锦江头几万枝"，这是晏殊在前往成都时对锦江海棠的向往；"只恐夜深花睡去，故烧高烛照红妆"，这是东坡为海棠花秉烛夜游的一抹浪漫温柔；"我游西川醉千场，万花成围柳著行"，这是陆游

充满诗意的海棠 孙海摄影

在青青柳色间行走于海棠花丛中的快意。

　　对成都海棠花最为痴恋的，还是陆游。"倚锦瑟，击玉壶，吴中狂士游成都。成都海棠十万株，繁华盛丽天下无。"自号"吴中狂士"的陆游，在成都度过了他一生中最为闲适随意而又难忘的一段时光。陆游一生写了40余首海棠诗，多是在成都所作。放翁虽狂，但他却对成都怀着深沉的情感，以至于陆游常在人前以蜀人自居，他坚信自己"前生定蜀人"，并且他还把成都称为"吾蜀"，成都已然是他的家乡，还自称"海棠颠"。

　　　　看花南陌复东阡，晓露初乾日正妍。
　　　　走马碧鸡坊里去，市人唤作海棠颠。

　　陆游走马前往的碧鸡坊，是中晚唐时蜀中才女薛涛的隐居之地。这里有许多的海棠花，相传是薛涛亲手植下，而送来海棠花的，便是西川节度使李德裕。海棠因其妩媚动人常被用来形容美人姣好的容貌，更喻指美人的聪慧，因此有雅号"解语花"的别称。李德裕赠来的海棠花应是打动了薛涛的心，她和诗一首说："日晚莺啼何所为，浅深红腻压繁枝。"她将海棠亲手栽植于碧鸡坊，从此便相伴于萧萧竹林与海棠花影之间。

年华荏苒，韶光渐逝，早春多变的天气更是让海棠花季的美好变得短促而不确定，赏花需趁最美的春光。

自宋元以后，二月二踏青游春便已成为这个时节中所有成都人最幸福和最重要的事了。"春日游，杏花吹满头。陌上谁家年少足风流？"写下这首《思帝乡》的是五代前蜀的丞相，花间派词人韦庄。在这个时候，就算是对春天再迟钝的人，都有了一颗怀春的心。只是，春光短暂，开往春天的小火车，许多人想起来去买票的时候，它却不想等你，自己就开走了。

长萼堇菜　最是蜜蜂采花处

春日和暖，万物一新。不远处，一丛丛规划整齐的三色堇在阳光下招摇，一朵又一朵露出了鬼魅般的笑脸。堇菜属是一个约有500多位成员的大家族，它们广泛地分布于北半球的温带。而三色堇大概是这么多的堇菜属植物中，我们最熟悉的街头观赏花卉了，这是一种原产欧洲的堇菜属植物，被广泛地栽植在全世界的公园和街头，它们的花常有紫、白、黄三色，看上去就像一个笑眯眯的大花脸，难怪人们又叫它们鬼脸花。

惊蛰天，"桃花开蜀锦，鹰老化春鸠"，鬼脸花们拼命地抢占了街头和公园最好的"C位"，只是寻找春天的人们早已在万紫千红的春光中迷失，哪里还有人会在意它们的这点小心机？桃红柳绿中，人们来来往往，对这些色彩明艳的三色堇很少有人再多看一眼。

街头的绿地角落中，几株长萼堇菜早已按捺不住从泥土中探出头来。和"C位出道"的三色堇不同，这种在不引人注目的角落上的本土堇菜属植物长得非常低矮，它们无需任何人照料，在不开花时也非常不起眼。到了春天，它们一旦开起花来，就能在小草坪上汇集成一小片极为醒目的小花境，一丛丛淡紫色的小花十分清新可人。

尽管在植物学上，长萼堇菜和紫花地丁不是同一个物种，不过并不妨碍在民间把一大堆堇菜属的小草统统都叫作紫花地丁。长萼堇菜的花虽小，但结构却十分精巧。它们的花为左右对称，总共有五枚花瓣，下面三枚、上面两枚。下面三枚花瓣往后延伸，形成一个通道，植物学上称这个通道叫"距"，堇菜的花蜜就藏在它们的"距"的底部。

　　蜜蜂通常降落在最下一枚花瓣上，然后钻入"距"中，这时蜜蜂背部沾上的花粉正好被传递到这朵花的柱头上，帮堇菜完成了授粉，这样堇菜就能结出种子来繁衍下一代。堇菜将"距"中的花蜜作为回报，送给了蜜蜂这位客人。早春多雨，堇菜的花柄略微向下弯曲，花瓣会闭合起来，可以防止雨水流入花朵中冲刷到花粉。堇菜的聪明之处还不止如此。有一部分堇菜的花甚至从不开放，花蕾里的雌蕊和雄蕊能自动接触，从而完成授粉，然后结出种子，也能完成繁殖。这样不开放就能结果的小花蕾，叫闭锁花。

　　堇菜是春天草坪中低调的小草，它们在阳光下开放出的紫色小花，却是让人无比喜爱。紫色是源自大唐的高贵色彩，日本平安时代的古人还为堇菜的花色取了一个名字——堇色，这抹淡紫色成了当时宫廷高贵的象征。日本第一部诗歌集《万叶集》就有描写堇菜的和歌："山风轻拂，春雨绵绵，路边的堇菜花开了。"

卷耳　缠绵情思春光里

　　球序卷耳其实并不想做一棵低调的杂草，在你完全没有注意到它们的时候，它们就开出了白色的小花，这些小白花组成了一个二歧状的聚伞花序，这个读起来有点绕口的小花序，长得也让人感觉思想很复杂，它们的花序轴的顶端会生出一朵小花，在其下方两侧同时各产生一个等长的侧轴，每一侧轴再以同样方式开花，然后又再次分枝。不过，它的小花看起来却十分简单，五个白色的倒卵形小花瓣，花瓣的顶端深裂，十枚雄蕊围着雌蕊五裂的柱头。

　　只是就算这么努力地在春天开出了这么一大堆思想复杂的小白花，人们还是对它们完全视而不见。之所以对它们的名字还有几分好感，也许是因为《诗经》。"采采卷耳，不盈顷筐，嗟我怀人，寘彼周行。"讲的是一个女孩子，拿着菜筐子弯下腰采呀采呀采卷耳，一边采着却一边叹气，半天也采不满一小筐，只因为想念很久不归的心上人，于是把筐子都放在了道路旁。

卷耳是一种常见并可以食用的野菜，卷耳食用的部位是初春尚未完全开花的卷耳嫩苗。将卷耳采集后用沸水焯熟，冷水浸洗，拌匀即可食用。虽然味道鲜滑清淡，也并不是什么正经的菜蔬，但是在缺少食物的早春，卷耳也是许多穷苦百姓采摘充饥的野菜之一。

石竹科的卷耳嫩苗可当作野菜食用，直到今天，早春的季节，仍然有人偶尔会采集这种野菜。不过，从《诗经》走来的古老的卷耳，是不是我们今天植物学上的卷耳属植物，拨开历史的迷雾早已无法细究。这一首吟诵了数千年的怀人诗，说的是卷耳，记录下的却是原野的春光中，说不完的缠绵情思、道不尽的相思离愁。

（本文原载于2019年3月18日《华西都市报》　作者：孙海）

春色多娇，千花百卉争明媚

仲春初四日，春色正中分。

不知不觉间，川西的物候到了春分的时节。在春季的九十天里，春分平分了春季，也平分了昼夜。《月令七十二候集解》中说："春分，二月中。分者，半也。此当九十日之半，故谓之分。"

这是春姑娘最为娇羞可人的时候，处处散发着最迷人的风采。如果川西短暂的春光，也敢问一问姑娘芳龄几许，那么初春的天气总是性格顽皮又多变，如同精灵古怪的少女；而暮春的天气虽然楚楚动人却难掩伤感，犹如思绪万千的佳人；唯有仲春时节绝代风华，美艳不可方物。欧阳修说："雨霁风光，春分天气，千花百卉争明媚。"春色如此多娇，引无数英雄竞折腰。

此时春意正浓，放眼川西大地的山川平原，翠绿、金黄、橙红、蓝紫、乳白，春光正是流光溢彩。

楠木的翠绿

再没有比楠木更令人心动的树木了。这些树干通直高达30余米的大乔木，就这样通天彻地地矗立在那里，流淌着化不开的浓绿青翠，它们是一座城市生命的律动。楠木是南方的树。《二如亭群芳谱》中说："楠生南方，故又作'南'，黔蜀诸山尤多。其树童童若幢盖，枝叶森秀不相碍，若相避。然叶似豫樟，大如牛耳，一头尖，经岁不凋，新陈相换。"

楠木，在成都也称桢楠。桢也通贞，有坚贞之意。楠木高大挺拔，楠叶四季常青，从这个树名中能够感受到一棵树的信仰和坚定。楠木常生长于海拔1500米以下的阔叶林中，由它们构成的常绿阔叶森林曾经密布于中国的南方，这些森林到了冬季依然青翠亮绿。

"倚江楠树草堂前，故老相传二百年。"唯有岁月方能让楠木长成一棵遮天蔽日、郁郁葱葱的参天大树。公元761年的春天，成都浣花溪边，高大的古楠下，杜甫建起了草堂闲居，楠木用它高大的树冠慷慨地给诗人庇护。草堂有了大树，于是有了灵气，"楠树色冥冥，江边一盖青"。每天看着这样一株让人心旷神怡的参天大树，诗人在自己的茅屋构建着诗的殿堂。

然而好景不长，这一年的秋天，呼啸的大风吹翻了茅屋的屋顶，也刮倒了这棵古楠。诗人从此失去了他最心爱的大树，来不及擦去泪痕，捶胸呼号的杜甫挥毫写下了一首《楠树为风雨所拔叹》，"我有新诗何处吟，草堂自此无颜色"。

喜爱楠木的，不仅是杜甫。那一年，47岁的陆游来到四川，在四川宣抚使王炎麾下任幕僚。一天，他路过成都犀浦国宁寺，见到了庙前四株千岁古楠，苍翠遒劲的古树让这位才华横溢的诗人欣喜不已。后来，陆游写下一篇《成都犀浦国宁观古楠记》的散文。

"予在成都，尝以事至沉犀，过国宁观，有古楠四，皆千岁木也。枝扰云汉，声挟风雨，根入地不知几百尺，而荫之所庇车且百辆……"

许多年后，已回到浙江的陆游，收到了一封来自犀浦国宁寺的求救信。信中写道，那四棵古楠将被砍去修建官府。这个消息让陆游忧心不已，他向当地的官府回了信："夫勿翦憩棠，恭敬桑梓，爱其人及其物，自古已然。"

不知道是不是陆游的劝诫信起了作用，国宁寺的桢楠最终被保全了下来。然而，一封信却解救不了楠木的危机。川西多处的山地和平原曾有无数的古楠木，这本是一种树龄极为悠长的高大乔木，它们优质的木材激起人类对楠木的无度索取。自古至今，楠木每每遭到无情的砍伐，川西的天然林也遭到了毁灭性的破坏，人类的贪婪加速了它们的种群危机。楠木已处于灭绝的边缘。

今天，桢楠已是国家保护植物。它们见证着我们的文明和历史，它们的存在更会深刻地影响着我们的未来。这样美好的大树，我们再也不愿意失去它们的身影。

四川蜡瓣花的金黄

春分时节，山野万物在春雨的滋润下生机勃勃。川西群山的幽暗山林和溪谷之间，突然出现了一大片光彩夺目的金黄色彩，这一树华丽醒目的金黄色来自四川蜡瓣花，这种植物仅分布于四川西部和西南部的山野之间。

四川蜡瓣花是一种极古老的植物，来自金缕梅科蜡瓣花属；金缕梅科是双子叶植物中一个比较古老的科，蜡瓣花属植物的地质年代也极为古老，它们的化石最早在白垩纪地层中出现过。1908年6月，在四川打箭炉（康定）附近的山路上，英国植物学家亨利·威尔逊首次采集到了四川蜡瓣花的枝条标本，从此，这种川西特有的美丽物种，走出了西南山地，惊现于世间。

这是一种先花后叶的落叶植物，在它们的花朵没有开放的时候，整棵树全身上下都是光秃秃的枝干，在山野中显得极不起眼。初春后，四川蜡瓣花仿佛从沉睡中醒来，它们在长出新叶之前先抽出长长的花序。数十朵色泽金黄的小花苞共同组成了一个总状的花序，一串串地垂吊在光秃秃的枝头上，难怪在民间，它又被称为"串黄"。

四川蜡瓣花花瓣的色泽和蜡梅极为相似，和蜡梅常被误写成"腊"梅一样，蜡瓣花也常常被人误作"腊"瓣花；和蜡梅的名字来历相同，蜡瓣花同样得名于它们如蜜蜡般蜡质油亮的花瓣。蜡梅开放在最冷的冬季，而蜡瓣花却盛放在春光之中，一串串的金色花序带着晶莹的露珠悬垂于枝头，散发着优雅的

四川蜡瓣花　孙海摄影

芬芳，山野的春天因为它们的绽放变得明亮起来，春风中飘荡的一串串金色花序仿佛在轻轻地告诉你："山野美好，莫要辜负春光。"

羽叶紫堇的妖娆

每一种花儿总有自己的色彩，却很难讲清楚羽叶紫堇属于哪一种颜色。春分时节，青城山中，石壑林泉，流水淙淙，一丛丛羽叶紫堇兴高采烈地开放了。

羽叶紫堇是罂粟科紫堇属的植物，也是川西特有的物种，它们局限分布于青城山一带的川西山地，这是1993年才被正式命名、发表的物种，因其叶片呈羽状全裂而得名。羽叶紫堇的花有四枚小花瓣，分内外两轮排列，外轮的上下花瓣和内轮花瓣之间会形成一个无比醒目的黄嘴巴，它们的花朵粉紫色中又透着粉红，上下花瓣的先端还带着点粉绿，每一朵花都骄傲地噘着一个个黄色小嘴巴，它们一定是中了可爱的毒。

紫堇属在我国有300多个成员，成都平原周边的西南山地也是中国紫堇属植物分布最为集中的地区，这里生活着众多独特的紫堇属植物。许多紫堇属植物都有着惊为天人的美丽形态，拥有各种梦幻的颜色，她们色彩多变，姿态姣好，透露着妖娆和妩媚。所有的紫堇都是属于春天的花，无论何时，无论哪里，只要出现了她们多姿多彩的身影，这里便处在最美的春光之中。

（本文原载于2019年3月25日《华西都市报》　作者：孙海）

樱桃：
鸟偷飞处衔将火

初春，成都锦江边的道路拐角，一处小区院墙外，一棵樱桃树的花在春光中开得热闹绚丽，一树花朵层层似雪。路上行人寥寥，这样一树淡雅的粉白花朵，在如此安静的角落绽放，更显寂寞。

繁英似雪

早春，万木未秀，樱桃率先含春，樱桃花期后，百花方才萌动绽放。《花月令·正月》里说："樱桃始葩，径草绿，望春初放，百花萌动。"

樱花与樱桃都来自蔷薇科李属樱亚属，樱亚属有众多的物种，中国西南地区也是众多樱亚属植物的分布中心。樱属植物的花期会一直伴随着整个春光，从花期和观赏时间上可以分为早樱、中樱和晚樱。樱桃花开得极早，在各种早樱中，樱桃极具代表性，这种中国的传统果树同样也是早春著名的观赏植物。中国人植樱赏樱的历史极为悠久，不过古人眼中的樱花，大多却是樱桃花。宋代张翊著《花经》，樱桃花位列四品六命，地位不高也不低。

樱桃中国南北各地均产，成都这座城市，无疑是中国栽培樱桃树的先行者。2000多年以前的汉代，樱桃便已植于成都城中的街巷庭院之间，成为一种观赏树木。汉代文豪扬雄在《蜀都赋》中，以优美华丽的辞藻向人们述说了这座城市的绝色美丽，文中提到成都"被以樱梅，树以木兰"，这里的樱，便是樱桃。

二十四番花信风中，樱桃为立春二候，上接迎春，下启望春，在这一迎一望之间，城市的空气中偶然便会飘来樱桃花淡淡的香甜气息。如果刻意去寻，却又闻不见，而蜜蜂却是逐着花香而来，在粉白的花朵中嘤嘤嗡嗡。单朵的樱桃花不算特别好看，长长的花梗上生长有稀疏的柔毛，卵圆形白色或略粉的花瓣，前端下凹或二裂，几十枚离生的雄蕊团团围住一枚花柱，挤作一处又秩序分明。每朵小花略显平淡，不过樱桃花却是清清爽爽，数量繁多。刘禹锡说："樱桃千万枝，照耀如雪天。"《广群芳谱》提到樱桃树时用了一个词"繁英如雪"，一语道尽樱桃早春漫天花开时的浪漫。

元稹便是在樱桃花开的时节，折下一枝樱桃花，送别了自己的好友。"樱桃花下送君时，一寸春心逐折枝。别后相思最多处，千株万片绕林垂。"早春时节，樱桃树像是在用尽自己的生命力来绽放出一树的繁花，繁花绕林，朵朵压枝，一片片花瓣恰如一份沉甸甸的相思离情。

早樱似雪，又似离愁万千，温暖的春日，隔窗望去，樱桃花又开，李白写下一曲《久别离》，"别来几春未还家，玉窗五见樱桃花"。樱桃花开花谢，春光离去归来，物候似循环往复，时光却一去不返。同样的春色，同样的繁英如雪，赏樱之人总是不同心境。当白居易又见到樱桃花开时，难掩时光流逝的伤感，"樱桃昨夜开如雪，鬓发今年白似霜"。

羞以含桃

樱桃花的花期极为短暂，每年的物候期又略有不同，这让不少赏花人总是错过樱桃花的盛花期。"他日未开今日谢，嘉辰长短是参差。"李商隐一首《樱桃花下》，便道出了错过花期的无奈。樱桃花来得绚烂去得也匆匆，一周左右的时间，一场纷纷扬扬的花瓣雨落去后，樱桃花的子房便一天天膨大起来。

立夏前后，樱桃开始成熟，果子也一天天变得如珊瑚珠一般红亮。便是在这样一个由暮春入初夏的季节里，年幼的汉惠帝外出游玩，跑到一片樱桃林中。陪伴惠帝的，是熟知先秦礼制的太常叔孙通。那一天，叔孙通告诉惠帝说，古时候就有人在春天给宗庙进献樱桃，陛下出游时，也可以采摘一些樱桃，回来献给宗庙。惠帝开心地采纳了这个建议，司马迁在《史记》中说"果献由此兴"。

以樱桃为果献，称为荐新之礼，起源于周代古礼，《礼记·月令》中说："仲夏之月，农乃登黍，天子乃以雏尝黍，羞以含桃，先荐寝庙。"樱桃也叫莺桃、玉桃和含桃，东汉学者许慎在《说文解字》中记载："樱，果也，从木，婴声。"他还进一步解释说："莺桃，莺鸟所含食，故又曰含桃。"明代李时珍在《本草纲目》中说："其颗如璎珠，故谓之樱。"鲜红色的樱桃形如珊瑚珠，极为挑逗人的食欲，这种初夏的时令之果，便成为最佳的荐新祭品。

自汉代起，由叔孙通恢复的荐新之祭，已成为历代顺应时令的国家祭礼。唐人李绰著《岁时记·春荐》提到："四月一日，内园进樱桃，寝园荐讫，颁赐百官各有差。"唐时，樱桃除了献于祖宗荐庙，皇帝还会以赤玉盘盛之，向近臣赏赐樱桃，这是一种荣宠象征，得到赏赐的臣子们纷纷写诗向皇帝表达感恩和忠诚，不过，这些应景的诗句大多为歌功颂德、空洞乏味之句。

樱桃又因其果实的颜色鲜红，也被称作朱樱。天宝十一年（752）的初夏，诗人王维得到了唐玄宗敕赐百官的樱桃，于是写下"芙蓉阙下会千官，紫禁朱樱出上阑"，同样是迎合上意，摩诘居士却写出了几分仙佛灵气。

红了樱桃

樱桃是一年中最早成熟的水果之一，所以也被人们称为"初春第一果"。

樱桃花　孙海摄影

清代李渔认为，在春花之中樱桃花是"可有可无者"。人们之所以看重和喜爱樱桃，是因为果实而不是因为花。李渔在《闲情偶寄》中又说："花之最先者梅，果之最先者樱桃。若以次序定尊卑，则梅当王于花，樱桃王于果。"于是，樱桃从此还有了"果王"之称。

樱桃上市，不耐久存。吃樱桃的季节亦如樱桃花那样美好而短暂，所以，若要吃樱桃须趁早赶紧。白居易就是个喜欢抢着吃樱桃的人，"鸟偷飞处衔将火，人摘争时蹋破珠。可惜风吹兼雨打，明朝后日即应无"。

公元761年，樱桃熟了的季节，诗圣杜甫在成都建成草堂，结束了漂泊的日子。当地农人给他送上了一竹篮子的新鲜樱桃，杜甫开心感动之下，回忆起当年先皇帝赐樱桃的前尘旧事，写下一首《野人送朱樱》诗："西蜀樱桃也自红，野人相赠满筠笼。"面对着"万颗匀圆"的樱桃，便念叨起那个从来就不喜欢他的肃宗皇帝来。吃着樱桃又抒发了一番忧时伤乱的感慨，肃宗已逝，这大唐天下又将何去何从？大唐诗人中，同样是吃个樱桃写诗发朋友圈，唯有诗圣吃出了如此情感充沛的君臣与家国情怀。

以樱桃宴赏赐进士始于唐代，进士科发榜时，正值樱桃初熟，故宴请及第新进士的宴席称樱桃宴，席间君臣同食樱桃，可谓极尽殊荣。南宋宜兴人蒋捷曾在临安高中进士，就品尝过专为进士及第而设的樱桃宴。

两年后的春天，蒙古军队攻破了南宋都城临安，尚未为官的蒋捷踏上了流浪辗转的归乡之路。这一年的初夏，蒋捷舟过吴江，风雨潇潇之中，樱桃又红，芭蕉再绿，睹物思乡，这样的物候景色带来的却是无边的凄楚、彷徨和哀愁。"流光容易把人抛，红了樱桃，绿了芭蕉。"南宋覆亡，蒋捷深怀亡国之痛，从此隐居乡间终生不仕，因这一首《一剪梅》词，被后人称为"樱桃进士"。

杜甫捧樱

中国的山野，还分布着许许多多野生的樱亚属植物，比如毛樱桃、康定樱桃、微毛樱桃、钟花樱桃、高盆樱桃等。早春时节，这些野樱也会开出明媚的花朵，为山野春光增色添彩。这些野樱也会结出如樱桃一般的果实，只是大多涩酸味苦，除了毛樱桃的果实还能凑合着品尝一下，其他的野果都不堪一吃。所以，这些野樱中并没有出现如樱桃这样的秀色可餐的"果王"。而钟花樱桃和高盆樱桃却因为有着不逊于日本樱花的绚烂，今天已被培育为著名的早樱观赏品种，在南方多地都有栽培。

虽然人们并不喜欢吃这些又苦又涩又小的野生樱桃，但是在山野之间的鸟儿对它们却分外地感兴趣。樱亚属的果实在植物学上称为核果，它们多汁的果肉里面有一个坚硬的内果皮，也叫果核。鸟儿们囫囵地把樱桃吃下去后，坚硬的果核保护着樱桃娇嫩的种子，在鸟类的身体里周游一圈后，保存完好的果核又随着粪便传播出去。

在中国古诗词中频频出现的樱桃因为原产于中国，也常被叫作中国樱桃。在樱亚属植物中，还另有一种人们熟悉又好吃的樱桃叫欧洲甜樱桃，虽说这种植物的中文名里带着欧洲二字，但是实际上它最早起源于西亚一带。欧洲甜樱桃也就是我们常说的"车厘子"，名字译自英文中的cherry，"车厘子"经过品种驯化后在欧洲大陆被广泛种植，有了众多的品种，成了一种个儿大、味儿甜的著名温带水果。今天，在中国的许多地方，这种叫"车厘子"的欧洲大樱桃也被广泛种植。成都周边沿岷江干热河谷的山地，就是欧洲甜樱桃的产地。每年5月下旬，是"车厘子"大量上市的季节。

红红的中国樱桃远没有车厘子那么壮硕和高产，它总是出现在春末初夏的时节，玲珑剔透的身体吹弹欲破。和欧洲甜樱桃相比，它娇羞动人，带着清灵飘逸的风格，有着珊瑚珠玉般的诱人光泽，酸甜娇嫩的滋味能让你的味蕾体会初夏时光的美好。难怪，杜甫捧着一竹篮子的新鲜樱桃一边伤心念叨着已经逝去的先帝，一边还要小心翼翼地"数回细写愁仍破"；樱桃来之不易，就算是小心得不要不要的，还是给弄破了好多，让你读着诗句都会替杜甫心疼。

（本文原载于2020年6月1日《华西都市报》 作者：孙海）

瑞香：一品九命紫风流

早春，西岭群山间的冰雪尚未化开，低山溪谷已是满目苍翠。一处滴水石壁前，从头顶处袭来了一阵极为浓烈的花香，抬头一看，一树毛瑞香正从崖壁处探下头来。一树香花开得正是时候，乳白色的花冠顶端已呈四瓣裂开，浓郁的香气引得一只食蚜蝇在花丛间急不可耐地乱飞乱窜。

毛瑞香是一种生长于中国南方山地中低海拔林下溪谷间的野生瑞香花，它们通常绽放于隆冬至早春。此时，还远远未到山野花开的季节，于是香气袭人的毛瑞香于平淡单调之中的率先绽放就显得极为惊艳了。

相比起山野中花冠通体乳白的毛瑞香，人们更熟悉一些的，却是在春节前后开放的紫色的瑞香花。这是一种今天在花市和我们身边时常能见到的花卉，古人还把这种花称为"紫风流"或"风流树"，一度地位超群。

香风占断世间春

瑞香花的小花花冠外面总会呈现出淡紫红色，而内面肉红色，十余朵小花会组成一个顶生的紫色花球。在瑞香花中，还有一种叶缘似镶有金边的栽培变种——金边瑞香花极受欢迎，它们同样都有着极为强烈的香气。

在二十四番花信风里，每个节气分为三候，瑞香为大寒第一候的花。瑞香花也总是于春节前后开放。明人程羽文《花月令》，正月的开篇便是："兰蕙芬。瑞香烈。樱桃始葩。"提到了正月开放的几种花卉，兰蕙的芬芳自不待言，樱桃花亦是常见，百花萌动中，唯有瑞香用了一个"烈"字来形容其浓烈花香，而且竟然如此妥帖恰当。

对瑞香的香烈感触极深的当属苏东坡。元祐六年（1091）的早春三月，苏轼正在杭州知州任上，恰逢好友福州路转运判官曹子方回京路过杭州，于是苏轼陪他畅游西湖后，又至龙山真觉院。到了夜晚，留宿于寺中的东坡忽然闻到了一股花的芳香气息，让他再难入睡。轻风吹过，花香越发浓烈，竟然把正酣然入梦的曹子芳也从梦中惊醒。后来，苏轼将这一段经历写于《西江月·真觉赏瑞香》中。

> 公子眼花乱发，老夫鼻观先通。领巾飘下瑞香风，惊起谪仙春梦。
> 后土祠中玉蕊，蓬莱殿后鞓红。此花清绝更纤秾，把酒何人心动。

瑞香也称"睡香"，这是说连在睡梦中都能闻到它的香味，可见其花香之浓烈。据北宋初年陶穀所编的《清异录》载："庐山瑞香花，始缘一比丘昼寝磐石上，梦中闻花香酷烈。及觉，求得之，因名睡香。四方奇之，谓为花中祥瑞，遂名瑞香。"

能为比丘僧者，大多修行已久，有了坚定向佛之心，然而却在梦中为花香所乱。从此，瑞香因比丘一梦而得此花名。北宋末年，"苏门四学士"之一的张耒曾据此传说写过一首七言绝句：

> 曾向庐山睡里闻，香风占断世间春。
> 窃花莫扑枝头蝶，惊觉南窗半梦人。

从瑞香花花名起源传说里，表达出了两层意思，一是瑞香花的奇香；二是自宋代起，瑞香花便被人视为花中祥瑞。宋初时，有个叫张翊的人曾戏作《花经》并名噪一时，他借魏晋之时品评士族门阀的九品中正制，以"九品九命"来品评群芳，被评为"一品九命"顶格的不过区区五种花，而紫风流瑞香便位列其中。

在整个宋代，在文人心中，以香气著称的花卉总是有着极高的地位，似乎越香便越能代表文人的风骨。瑞香花的花期能从冬季一直延续到春天，此时兰枯梅落，所以杨万里会说"买断春光与晓晴，幽香逸艳独婷婷"。而南宋状元王十朋在他流传后世的一首瑞香花诗中，对瑞香简直是歌功颂德到了极致：

真是花中瑞，本朝名始闻。

江南一梦后，天下仰清芬。

尤爱娇柔"沈丁花"

瑞香属里有多种植物都被园艺栽培和观赏，其中运用最多最广的还是瑞香花。这种原产于中国的瑞香属常绿灌木很早就被中国古人栽培驯化，并在中国发展成为一种冬春季节最为常见的观赏花卉品种。

后来，瑞香花也在日韩等东北亚国家得到了广泛的引种栽培。根据记载，大约在15世纪，在幕府室町时代，瑞香花传入日本，因为它的花香如沉香（亦称沈香）一样让人沉醉，而花形又如丁香花一样娇柔，所以日本人就把这种花称作"沈丁花"。日本人尤爱在庭院中栽植瑞香，并将春天的沈丁花、夏天的栀子花和秋天的丹桂称为三大香木。

瑞香花所在瑞香属约有近百种植物，均分布于欧洲和亚洲。瑞香属的学名Daphne 是由植物分类学的创始人林奈于1753年在《植物种志》中建立，中文属名常译为达芙妮，最早源自罗马诗人奥维德所创作的神话长诗《变形记》。达芙妮是河神的女儿，她体型修长，气质高雅，眼睛明亮，纯净得如同河水一样，温柔而又美丽。中了丘比特一箭的太阳神阿波罗疯狂地爱上了她，然而达芙妮却不为所动，在被阿波罗追逐时，她化为了月桂树，后来成为月桂女神。

不过，林奈在《植物种志》中，并没有用达芙妮来命名樟科植物地中海月桂，却将这个名字献给了产自于欧洲的一种瑞香属植物金丝瑞香（Daphne mezereum）。也许，在林奈的心中，这类香气袭人而又拒人于千里之外的灌木更符合达芙妮的形象吧。

18世纪末，林奈的学生，瑞典植物学家、内科医生卡尔·彼得·滕贝格随荷兰商船来到了日本，在当时，他是唯一一个访问德川幕府的欧洲植物学家。1784年，根据从日本采集的瑞香花标本，滕贝格出版了《日本植物志》，并正式发表了瑞香花（Daphne odora），学名中的种加词odora意思是"有香气的"，其中错误地把日本记载为瑞香花的原产地。

跌落神坛瑞香花

群芳之中，瑞香花并不算特别美丽，它的花、叶、根、果实和树液中都含有黄酮类的有毒物质，如果不小心接触汁液的话，皮肤可能会过敏甚至起水疱。另外，如果不小心误服叶汁的话，还有可能会出现腹泻、呕吐等中毒症状。

和宋人将瑞香捧上高位不同，很多人其实并不太喜欢瑞香。瑞香花的香气过于酷烈，闻久了总是让人晕头涨脑的，特别是对一些有花香过敏症的人极不友好。就像南宋时曾做过成都知府的范成大，就曾经对着瑞香花偷偷念了一句："浓薰百和韵，香极却成愁。"

只是范成大的这种怨念在当时动摇不了瑞香的地位，在整个宋代，瑞香都被视为一种顶级花卉。不过，越到后来，瑞香花就越不受待见了。就连比丘昼寝磐石上而得瑞香的神奇传说，后世也不乏有识之士对此嗤之以鼻。

明代的陈诗教，在自己编撰的花卉农学著作《灌园史》中就直白地表达了自己的观点，"瑞杳名始十庐山比丘，则似前此未之有矣"。陈诗教的意思是说，世间到底先有和尚还是先有瑞香花啊？庐山还没和尚的时候，难道瑞香花就不存在了吗？

从现代被子植物的系统发育和演化来讲，瑞香花的起源显然比和尚以至于人类文明的起源都要更为古老。还好，世间如陈诗教般不解风情的技术流较真

毛瑞香 孙海摄影

"直男"并不太多，其实大多数人也并未将这个瑞香花的来历太当真。

相比起陈诗教对瑞香花起源的质疑，自诩为香花国中的保护神、自封香国平章的李渔对着香烈袭人的瑞香直接就开启了谩骂模式：花中小人！花贼！我怎么能不秉公主持正义？

李渔的理由很简单，因为瑞香太香，此花"能损花"。李渔愤愤地说，你既然也是花中一分子，就应当讲朋友义气啊，但是你不仅不帮助其他的花，不能相资相益，而反崇之，非小人而何？然后李渔又庆幸道，还好瑞香花开放的时间在冬春之交，如果改在春夏之交，那么花王的位置都要被这花贼篡夺了。

把苏东坡喜爱的瑞香花骂成这样，李渔也真是一个极为有趣的人。不过，跌落神坛的瑞香花从此倒是越发平凡起来，再也没有了在宋代时那种大红大紫、睨视众花的超群地位了。

（本文原载于2020年3月30日《华西都市报》 作者：孙海）

春山鸟空啼，西岭藏花径

5月初的川西，成都平原已进入初夏，万紫千红的春光已经过去，而夏日的风华又尚未来临。"窗含西岭千秋雪，门泊东吴万里船"，那一年杜甫望着西面天边的皑皑雪山写下这首流芳千古的绝句时，他并不清楚，千年后，在成都西边，有一座曾经寂寂无名的空山，却因他的这首诗而名满天下。西岭雪山位于成都市大邑县西境，距成都市区仅95公里车程。大多数人对西岭的印象总是停留在冬季的滑雪胜地，很少有人知道就在离成都市中心不足百公里的西岭群山，此时此刻仍在最美的春光之中。

厚朴 鸟鸣婉转唤芬芳

5月初，西岭山脚下，一种长着厚厚的大叶片的木兰科植物开出了极为惊艳的巨大花朵。厚朴是木兰科厚朴属高大的落叶乔木，笔挺的树干，树身主干上有着厚厚的褐色树皮，厚朴有着令人印象深刻的微波状的革质叶片，巨大的叶片看上去就像乐器琵琶，叶片有粗壮的叶柄，许多枚大叶片聚生于枝端。

就在枝顶叶丛间，厚朴开出了一朵朵白色的花。厚朴的花极为美丽，芳香怡人，木兰科植物的花萼花瓣没有明显分化，它们如同花瓣一般的结构被称为花被片。厚朴十余枚肉质的花被片外轮舒缓地开展，内轮直立，七十二枚雄蕊围绕着中央椭圆状卵圆形雌蕊群，显得庄重华贵又流光溢彩，整个花朵如同盛开于树上的莲花。

厚朴的名字显得淳厚质朴，然而厚朴的朴，并非朴素的朴，而是读作"破"，和"朴树"音相通。朴的本意为树皮，《说文》中解释为"木皮也"。厚朴树也以树皮厚而得名，在传统医学中，厚朴的树皮、根皮、花、种子及芽皆可入药；其中以树皮入药，药材名称也叫"厚朴"，在藿香正气水、香砂养胃丸这些耳熟能详的传统中医药中都有厚朴的成分。

1907年，英国著名植物采集家威尔逊在湖北宜昌采集了当地栽培的厚朴和凹叶厚朴的植物标本，此后，根据威尔逊采集的标本发表了这两个物种。凹叶厚朴是厚朴的变种，区别仅在于叶的先端有明显的凹缺。厚朴和凹叶厚朴都来自木兰科，整个木兰科的植物都极为古老，是所有的开花植物中极原始的植物类群。厚朴因为药用的价值很早以来就被古人广为栽培，如今在野外，野生的厚朴已极为稀少，是受国家保护的珍稀植物。初夏，西岭的山脚，寂静的山野间，溪水潺潺，鸟鸣婉转，不必刻意寻找，便能与这种古老的木兰科植物相遇，细嗅它们如玉碗一般的花朵散发出的芬芳。

大百合　登陆英伦称"王子"

初夏的西岭，最令人难以忘怀的是山谷林间成片开放的大百合。这是一种生活在亚洲喜马拉雅山脉、横断山脉和中国南方的山地沟谷森林中的百合科高大植物。对许多第一次见到它开花的人而言，花大芳香、株形挺拔的大百合绝对是能让人感到惊叹的物种。

在中国西南高山地带的沟谷、草甸和密林之中分布着自然生长的大百合种群，西岭所在的华西雨屏带独特的气候条件和特有的地理环境为大百合的生长繁衍提供了最适宜的环境，这一带也是我国大百合分布最密集的地方。每年5月中旬到6月初，成片生长的大百合在西岭低海拔的林间开放，此起彼伏，蔚为壮观。

大百合顶生总状花序上有十余朵大型的花，当上百株大百合在山野森林间同时开放的时候，真是一道极为壮观的视觉盛宴。大百合白色的花被片狭喇叭形，每一瓣花被片呈条状倒披针形，内面是大百合标志似的淡紫红色条纹。在喇叭形的花冠筒里，可以清晰看到六枚雄蕊，雄蕊花丝的顶端与花药背面的一点相连，整个雄蕊的花药犹如"丁"字形，易于摇动，花粉呈现醒目的黄色，看起来颇有点颤巍巍的感觉，这种花药着生方式称为丁字药，这也是许多百合科植物的典型特点。

1824年，出生于丹麦的探险家纳萨尼尔·瓦立池首次在尼泊尔发现并命名了这种植物。此后很长时间里，大百合属于百合属的植物。直至20世纪初，因为这种具有网状脉的心形叶片且植株巨大的百合科植物有显著区别于百合属其他植物的特征，同时大百合同百合属的其他物种存在生殖隔离，于是，植物学者将大百合从百合属中划分出，成立了大百合属。1850年，英国园艺学家对大百合进行了商业化的生产开发，大百合在英国花展的首次登场亮相就引起了极大的轰动，在欧洲庭院里栽培的大百合，因其植株高大、花大优美、芳香怡人，还得到了"百合王子"的美誉。

粉被灯台　欧洲花园皆宠它

5月中旬，西岭鸳鸯池景区即将迎来粉被灯台报春那玫红色的绚丽花海，这种高大的报春花大规模出现在西岭风景区不过数年时间。和那些低矮的草本报春花不同，这种报春有着3到4轮的伞形花序，有的甚至多达6到8轮；每一轮伞形花序都有4～12朵花，花心喉部深红，直立的花葶高高向上；其中有一些报春花的高度甚至可以超过一米，完全是报春花中的巨人。

1903年7月，威尔逊在四川大瓦山采集到了一种当地人称为"转转花"的报春花属植物。就在瓦山高耸的绝壁下，五大天池的高梁池畔，尽是漫山遍野玫红色的"转转花"的世界，这是一个报春花的伊甸园。1905年，英国植物学家达西根据威尔逊自川西采得的"转转花"种子所繁殖的植株正式发表了粉被灯台报春，这是迄今报春花属植物中最为高大的物种。拉丁学名种加词pulverulenta意为"被粉的"，就是指这种高大报春的花葶和花萼上都有白色或黄色的粉。

粉被灯台报春因其身姿挺拔，加之一轮轮玫红的花朵又多又大又美丽，自引入英国后，立即受到了热爱园艺的欧洲人的狂热追捧，并广为栽培，出现在欧洲各国的花园之中。

从西南山地直至喜马拉雅山北坡的广大区域中，分布了全世界报春花属植物五分之三以上的物种；川西的山地也是粉被灯台报春和其他中国野生报春花最后的栖息地。许多美丽的物种因为人类的过度开发活动现已十分稀有，一些中国特有的报春花物种甚至在原产地濒临灭绝。

几年前，在华西亚高山植物园专家们的指导下，西岭景区将原产于川西山地的粉被灯台报春在西岭景区内成功繁育，这种报春花极好地适应了西岭的气候与环境，经过数年的繁衍，粉被灯台报春已能在景区自行结实并扩散种群。初夏时节，西岭雪山的粉被灯台报春花海已成为景区一道极为靓丽的风景，更是景区利用本土植物成功开发的典范。

密毛银莲　魔幻森林风语者

5月初夏，高山春风吹过，密毛银莲花盛开，有一种出尘脱俗的梦幻之美。低矮的密毛银莲花的叶片背面有密柔毛，花葶和叶柄也有极密的、开展的淡褐色长柔毛。这些密密的茸毛就像为它们穿上了一件保暖外套，这让它们能够极好地抵御高山多变的气候。

银莲花在英语中被称为风之花。在深山峡谷，在高原荒野，也许就会有一片纯净的银莲花，它们看似纤弱，但只要春风吹过，它们就会迎风开放，装扮山野。在西方，银莲花又被称为"妖精之花"。传说银莲花的叶子里住着森林

报春花铺满的小路　孙海摄影

妖精，装点花瓣的粉红色线条就是妖精用手指描画而成。在雨天和夜晚，银莲花合上了花瓣，正是叶子里住着的森林妖精拉上了窗帘。

不过，无论是森林妖精传说，还是人们的经验认知都有一个误区，那就是所有的银莲花其实并没有花瓣，我们通常认为是花瓣的其实是它的萼片，整个银莲花属都有花瓣形状的萼片，且颜色丰富多彩，所以没有花瓣一点也不妨碍人们对它们的赞美和喜爱。

沿着西岭3000米以上的山脊，是岷江冷杉和高山杜鹃花组成的原始森林。此地隐藏了一处叫野牛道的梦幻森林之路，这里是密毛银莲花和无数川西森林中的可爱精灵繁衍栖息的圣境。岷江冷杉来自松科冷杉属，它们的树干端直挺拔，条形的叶四季常青，是青藏高原边缘地带亚高山针叶林中重要的代表树种，林中无数的杜鹃正在盛开，花朵密密层层，极为壮观。在西岭海拔最高的3300米的红石尖的岩壁上，一种生长于岩壁的植物精灵——岩匙，已悄然绽放。

峨眉苣叶报春在多雾的冷杉林和石阶的缝隙间开出了醉人的花朵，它们有着动人魂魄的蓝紫色花瓣，由它们连接起了这条秘境之路。林间的坡地上，还生长着大片的宝兴报春，它们有着从玫红到粉白的色彩多变的花朵。这是一种会"落地生根"的报春花。当宝兴报春花开果落之后，它们特有的自我克隆才刚刚开始。这时候，有的植株会从丛生的叶片中间，萌发出纤细的匍匐枝；而在匍匐枝的顶端则会长出一个迷你的小报春植株。但是此时的小报春还是没有根的，需要遇到地面才开始生根固定，这样又能长成一株完整的植株。于是，毫不奇怪，它们的种群总能占据极大的一片林间坡地。

野牛道因为这些精灵般的物种宛如童话仙境，在这川西生物多样性的天堂宝库中，能让你于此一窥川西草木物候的无穷魅力。在这个最美的季节，当你沿着栈道走向阴阳界的山脊，看云卷云舒，听远近林涛呜咽，山风拂面，仿佛这山在告诉你，这就是西岭。"芳树无人花自落，春山一路鸟空啼。"

（本文原载于2019年5月13日《华西都市报》　作者：孙海）

寄生植物：发生在盛夏的绞杀

炎炎烈日下，几株小叶榕的枝干叶面上，缠满了一条条淡黄色垂吊而下的藤蔓。远远望去密密麻麻，杂乱无章。一列高铁列车风驰电掣地驶过锦江之上的铁路桥，引起了桥下道路旁的这几株小叶榕发自灵魂深处的颤抖。

正常情况下，大多数植物通过光合作用赋予的能力，通过阳光制造养料，过着自给自足的日子。但是，总有一些好逸恶劳的，它们自己没有叶绿素，无法通过光合作用来过自给自足的日子，于是就把主意打到了其他植物上，寄生就是它们的生存方式，这种理所当然"吃大户"的心态，是所有寄生植物的一大特点。

菟丝子　被美化的"植物吸血鬼"

菟丝子，它们的淡黄色杂乱的须蔓毫无美感，却成为城市行道树木内心最深处的噩梦。

古人曾将菟丝子称为无娘藤，这是说它没有能落地的根，就像无根之木没有娘亲疼爱。其实菟丝子小时候还是有根的，不过当它的幼苗碰上寄主的茎干后，就会把寄主紧紧纠缠，然后顺着寄主茎干向上爬，还会在它们淡黄色的茎中长出一个个小吸盘，伸入到寄主茎内，吮吸里面的养分。这样，它就和寄主长到一块了，不久，菟丝子的根退化消失，叶子也退化成一些半透明的小鳞片，而它们的主茎却生长迅速，密密麻麻地缠住寄主。

炎热的夏季，却是菟丝子快速生长的季节，它们通过淡黄色须蔓处的吸器从寄主植物获取所需的部分或全部资源。不过，这种通过缠绕寄生祸害行道树木的"恶性杂草"，在古人的眼中却成了夫妻幸福合美的象征，古人常用"菟丝"和"女萝"来比喻新婚夫妇，它们缠绕的藤蔓，有着缠绵缱绻、永结同心的意象。"君为女萝草，妾作菟丝花。轻条不自引，为逐春风斜。"在李白的这首诗中，菟丝子表现出了一副如小鸟依人般柔情似水的样子，菟丝子借李白的诗句从此流芳千古。

在"植物吸血鬼"这一套精湛演技的掩饰下，被寄生植物渐渐凋萎夭折，成为与被歌颂的菟丝子缱绻缠绵后的牺牲品。菟丝子不仅直接通过吸器汲取寄主植物资源，而且还对寄主的光合能力产生严重的影响，最终抑制寄主生长。如电线缠绕一样杂乱的藤蔓里，折下的每一根淡黄色的枝条，如果不深埋焚烧都能自我克隆成活，一旦被它们纠缠上，这些绿化行道树便性命堪忧。

马缨丹　暗藏杀机的美丽入侵者

沿着青华路，街边一处无人的院落门前，一大丛马缨丹开得极为绚烂，吸引了无数只凤蝶围着它们五彩的花朵翩翩起舞。

马缨丹在大多数人眼中是美丽的化身，它们用五彩斑斓的花朵诱惑众生，因为它们的美丽，人们将它们从原生地——美洲热带地区引入自己的城市，栽植于公园绿地之间。马缨丹有着非常美丽的花朵，这是一类直立或蔓性的灌木，它们极耐贫瘠，从来不挑剔环境。当它在花期时，五颜六色的花开在一株植物上，非常美丽妖艳，所以人们也称它为五色梅。这种适应力很强的植物，

马缨丹　孙海摄影

在成都市区周围各处绿地里极为常见，它们五彩的花色，一年四季花开不断的特征，总是让许多成都人对它们抱有好感。

许多人赞叹马缨丹的美丽，然而，在它们惊艳的外表之下，却一直悄悄隐藏着逃脱人类掌控，排挤限制本地物种，最终征服占领新地域的野心。对于这种五色斑斓、四季花开的植物，我们要保持足够的警惕。

马缨丹对光资源的捕获能力很强，它们在成都的夏季生长极为迅速，厚密宽广的植被覆盖层减少了底层的光照，于是阻止了下面其他植物的生长。它们还能向四周散布化感物质，消灭下层植物，这也是马缨丹的下层寸草不生的原因。甚至，马缨丹的植株之间还可以传递化学信息，这些信息物质会让本地植物难以适应，成为它排挤和绞杀本土物种的有力武器。马缨丹全年都可开花授粉，花期长达四季，结果极多，种子萌芽率高，一株马缨丹一年所产的种子能有上万颗。借助鸟的取食和排泄，这些种子可以顺利地迁移到更远的地方，在新环境中再创下一片新天地。

马缨丹被称为最具破坏力的入侵物种之一，由于其强大的适应能力，马缨丹在我国华南地区，迅速逃脱了人们的掌控，开始在野外泛滥成灾，挤占了许多本土物种的生存空间，成为危害极大的外来入侵植物。生物入侵从传入到发展为入侵种群要经过一个相当长的滞后期，然后种群会呈指数式增长，迅速占据新环境适宜生长区，带来重大的危害。一些外来的"明星脸"一旦占据了本土物种的舞台，当它们露出凶相时，便再也不会因为你的厌恶而离开。

（本文原载于2019年7月8日《华西都市报》 作者：孙海）

枸酱：一场拐枣引发的战争

小暑季节，盛夏时光，天气越发闷热起来。四川大学华西校区中西合璧的古老钟楼下，池中荷花亭亭玉立，散发沁人清香。钟楼倒映于池水之间，桥下莲叶田田，荷花袅袅。在这座钟楼之上，题刻有这样一联：

念念密移，古今一瞬；
隆隆者灭，天地孰长。

赏荷，无论古今，总是成都人夏日里不变的风俗和习惯。唐宋之时，成都人最佳的赏荷之地，却是在这座城池的中心，就是今天的天府广场一带。那时这里是一泓五百余亩碧波荡漾的湖水，名叫摩诃池。五代时，蜀国巍峨的王宫，便建于这大池之畔。

传说中，五代后蜀之主孟昶，平生极是怕热。于是，他命能工巧匠于摩诃池上，建起一座水晶宫，此宫极尽机巧，尽用开阔琉璃镶嵌，内外通明，宫内布置喷水机关，可于周边喷水数丈，可观赏还可降温。此宫建成后，孟昶盛夏时便移居此处。孟昶之妃花蕊夫人，极是乖巧伶俐，又文采斐然，极受孟昶宠爱。入夜时分，摩诃池上，水晶宫中，灯火辉煌。但见夜空疏星点点，水中莲花浮动，身边佳人相陪，水殿风来暗香满，夏夜竟是如此的曼妙。于是孟昶提笔写下："起来琼户启无声，时见疏星渡河汉。屈指西风几时来，只恐流年暗中换。"

四季轮换，阴阳消长，那一年的盛夏夜晚，当孟昶挥笔写下这诗句时，他并不了解将来的亡国结局，更不知精致如斯的水晶宫、莲叶招展的摩诃池都会消逝于川西物候变幻的时光中。

玉簪花　花中闲远风流

城南，桂溪生态湿地公园。7月上旬，花叶玉簪花再次盛开。一枝高高的花葶从卵状心形的碧绿叶丛中抽出，花葶的上端有十数朵洁白的玉簪花，又两三朵簇生挤作一处。粗壮的花葶上数朵玉簪花绽放，花冠口处微微露出六枚雄蕊，丁字状着生的明黄色花药极为醒目，一枚纤细的雌蕊柱头从雄蕊中间远远地探出头来。闷热的夏季，洁白的玉簪花总能给人带来丝丝凉意。花叶玉簪花有着绚丽斑斓的叶片，除了观花，成片栽植时，叶片也极为耐看。

相比起园林常见的花叶玉簪花品种，如今反倒是中国传统的玉簪花更为少见。玉簪花正得名于未开时如白玉搔头之簪。明代李时珍在《本草纲目》中记载："玉簪处处人家栽为花草……六七月抽茎，茎上有细叶，中出花朵十数枚，长二三寸，本小末大。未开时，正如白玉搔头簪形。"这个白玉搔头之簪的典故其实最早来自汉武帝的妃子李夫人，据说她因妙丽善舞，极受汉武帝宠信。一日李夫人偶然取玉簪搔头，却因仪态极美而后宫佳人尽皆效仿，玉簪花的花名也是自此传说演化而来。

玉簪因为它洁白无瑕的花朵，给人以素雅清高的风貌。金末文学家元好问在《乌夜啼·玉簪》词中写道"花中闲远风流"。在百花之中既有娴静清高的名声还能如此风流的花，大概便是玉簪了。传说中王母娘娘和天上的仙女在瑶池醉宴，因为饮醉了，不小心将自己发髻上的玉簪从天宫瑶池落到了人间大地，这根从天上下凡的玉簪就幻化成了玉簪花。北宋王安石曾作《玉簪》诗称赞："瑶池仙子宴流霞，醉里遗簪幻作花。"

中国产的玉簪属植物多数见于长江流域诸省，最主要的有两种，分别是玉簪花和紫萼。玉簪花和紫萼都是原产于中国并久负盛名的传统花卉，相比起洁白的玉簪花，在城市绿化中，紫萼较为多见，顾名思义，紫萼的花萼是紫色，开出的花朵是紫红色，就连它的花药都是紫色的。只是无论体形还是开出的花朵，紫萼都比玉簪要小了许多，而且也没有什么香味。

18世纪末，玉簪花传入欧洲，因为玉簪花耐阴，花叶美观，十分适合成为庭院观赏地被植物，于是玉簪花很快成为一种极受欢迎的花园植物。今天已被园艺学家开发出了数千个观赏品种，并栽植于全世界的花园之中。

金银莲花与荇菜 美味水生时蔬

7月盛夏，春熙路、太古里人流涌动，热闹繁华。隔着一道杏黄色的院墙，是繁华闹市中的佛门净地大慈寺。在高大青翠的香樟树的掩映下，庙宇庄严肃穆又安静祥和。庙宇的廊下，摆放着几个大石缸，石缸之中金银莲花正在水面静静绽放。

金银莲花，不开花的时候，有着如睡莲一般的心形叶片，而它的名字中又带着莲花，于是让许多人总觉得它也是一种睡莲。只是当它开花时，才发现它们的花朵和睡莲完全不同。这种可爱的水生植物会开出白色的小花，边缘和花冠的腹面生长着流苏状的茸毛，花心喉部呈明黄色，花瓣洁白，喉部金黄，金银搭配，相得益彰，难怪它有着金银莲花的名字。

虽说，金银莲花和莲花、睡莲同样都是水生植物，不过，它们之间却没有什么亲缘关系。莲花来自莲科，睡莲来自睡莲科，金银莲花来自睡菜科荇菜属，是多年生的浮水植物。金银莲花的叶比较有特色，它们如睡莲一样的近圆形的革质叶片漂浮在水面上，叶片有一个V字形的深缺口，白色的小花从绿色的叶底伸出水面，看上去小巧别致，显得格外精神。

金银莲花广布于世界的热带至温带地区，因为模式标本采自印度，所以它也叫印度荇菜。荇菜属的植物大约有20余种，除了镶金带银的金银莲花，还有一种常见的荇菜属植物就是荇菜自己，因为花冠金黄，荇菜又被称为金莲花。在花期的时候，荇菜会开出金黄色花冠的花朵。每一株荇菜都会开出许多的花朵，虽然单朵花的花期非常短暂，通常只能够开放半天的时间，但荇菜的整个花期可以从暮春起一直开过整个夏天，花期长达4个多月。

由于荇菜对水生环境的适应力很强，可以占据一大片的水面，所以当它们在花期的时节，波光粼粼的水面上，碧水浮叶之间，许许多多的荇菜花朵金光灿灿，十分美丽。荇菜亦是古人眼里一道美味的水生时蔬，荇菜可食用的部分是它们的根茎和嫩花茎。晋朝时，陆机曾说"煮其白茎，以苦酒浸之，脆美，可案酒"。新鲜采摘的荇菜，鲜嫩多汁，吃起来有一种脆生生的感觉，称得上是佐酒的佳肴。有一首唐代的诗歌这样写道："荷梗白玉香，荇菜青丝脆。腊酒击泥封，罗列总新味。"

不过，荇菜之所以为人们熟知，却不是因为能吃，而应是来自这首《周南·关雎》，"参差荇菜，左右流之。窈窕淑女，寤寐求之"。这一首被传唱了数千年的动人情诗，在流经千年的历史长河中，至今依然让人心驰神往。

拐枣　灵魂深处的甜蜜

拐枣树街靠近太升南路，是一条宁静的小街。据说，清代此街住有一曹姓进士，其宅院中有一株百年树龄的大拐枣树，于是小街便以树得名。如今拐枣树街上，曹姓进士的老宅院和院中的拐枣树都早已消失于时光之中，不过长约两百多米的小街两侧，仍然种有不少枝繁叶茂的拐枣树。

盛夏季节，拐枣树街上的拐枣树，悄悄地结出了一树青涩的拐枣。树下行人来来往往，小鸟在枝叶间钻来钻去，弯弯扭扭的拐枣果实垂挂在枝间，鸟儿们开开心心地看护着树上的美食，耐心地等待着它们的成熟。过了这个夏天，便会迎来鸟儿们最盛大的宴饮节日。

拐枣树在初夏开花，也许是因为它们花朵的长相十分普通，它们的花开季

成熟的拐枣　孙海摄影

节很少引起人们的注意。拐枣树的花很小，每一朵小花也极不显眼，既没有让人惊艳的颜值，更没有让人着迷的色彩，许多小花热热闹闹地聚在一起，组成了一个很大的聚伞圆锥花序，整个花序着生在小枝的顶端或枝腋；盛花期时，绿色的花序在枝头显得极为壮观，散发出的淡淡香气吸引了无数的蜜蜂围着它们嘤嘤起舞。然而就算如此，它们却很难吸引住树下路过的行人抬起头来看它们一眼。

拐枣树的花期并不长，花期后，拐枣树很快结出了一树扭曲的果实。相比起极为平淡的花朵，拐枣树的果实却很奇特。约莫在中秋前后，人们不难在这条小街上捡到一串串树枝状的成熟的果序枝，它们歪歪扭扭，顶端挂着一颗颗褐色的小球，整体上既没有规整的形状，又没有美丽的光泽，看起来甚至有些丑陋。

这些长得极其随心所欲的家伙就是拐枣树的果实，连接枳椇果实的果梗扭曲形成了一个鸡爪子状的符号，加之拐枣树的叶片有点像枣树叶片，难怪它们有了拐枣、鸡爪果这类的名字。值得一提的是，拐枣可食用的部位并非它们真正的果实，而是它们肥厚的果梗，也就是连接果实与植株之间的如鸡爪子状的那段弯弯扭扭的茎。拐枣的果梗在丑陋扭曲的外表下，却有着极为甜蜜的内在灵魂。枳椇的英文名是Japanese raisin tree，意思就是日本葡萄干树，形容它们的味道如同葡萄干般甘甜。拐枣的果梗含糖量极高，可以鲜食，也可用来制糖或者酿酒。

四川人吃拐枣的历史极为悠久。汉代许慎撰《说文》，提到枸是树木，果可为酱，是为枸酱。枸酱在今天已经难觅踪影，但还能从《汉书》中感受一下枸酱的美味："枸树如桑，其椹长二三寸，味酢。取其实以为酱，美。蜀人以为珍味。"

蜀地美味的枸酱多被后人考证为由拐枣制成的果酱。这种来自蜀地的美食还曾为华夏一统立过一功。《史记·西南夷列传》记载，番阳令唐蒙奉命出使南越，南越王宴请唐蒙。宴席上，唐蒙品尝到了蜀国产的枸酱后觉得非常好奇，因为蜀国远离南越，当时道路又不通，蜀地的枸酱是怎么出现在千里之外的南越国呢？于是唐蒙私下做了一番详细的调查，得知枸酱是被蜀商卖到邻近的夜郎国，然后再经牂牁运往南越国都番禺城。回到长安后，唐蒙上书汉武帝，可以先招抚夜郎为州府，再从夜郎国牂牁江南下攻打南越。汉武帝觉得唐蒙说得很有道理，后来，武帝发兵十万，分兵五路攻打南越，其中一路就是从夜郎国招抚而来的军队，他们直下牂牁江，最终，国家重新统一。

拐枣树甜蜜扭曲的膨大果梗顶端挂着的一颗颗小球才是它们真正的果实。拐枣的果实为球形核果，成熟时为黄褐色或棕褐色，如果将干巴巴、圆球形的果实剖开，可以见到里面有三个小室，每一室内都结着一枚暗褐色或黑紫色的种子。当然，对于一个极具经验的吃货而言，却没有那么多的麻烦，拐枣这些圆球一样的核果会被毫不在意地扔掉丢弃。然后，只需闭上眼睛，用舌尖细细感受来自拐枣灵魂深处的甜蜜。

（本文原载于2019年7月15日《华西都市报》 作者：孙海）

深山筑『洞房』，追逐寒冬里的萤火虫

"逢君拾光彩，不吝此生轻。"与高叔先的遇见，是每一只萤火虫的良缘。在成都向西的邛崃天台山，高叔先夜夜穿梭山林，像呵护亲密的爱人那般，不离不弃地守护那片萤火虫栖息地已十年有余，跋涉上万公里。他与萤火虫的故事，犹如跌进爱河的男女，猝不及防，情难自禁。

深夜探秘　蛛网旁救下一只扁萤

大雪节气，入夜的邛崃山脉，山林温度骤降，寒气逼人。高叔先依旧不改每日的习惯，信步山中的密林，追寻山中的点点荧光。

门口遇到村支书，问他："哪里去？""看萤火虫。""这几天哪里来的萤火虫哟！""有的，去看看。"

高叔先不做更多的解释，继续向前，嘴里呼出的气开始冒着白烟。其实，他也是活了半辈子才知道，冬天里有萤火虫，"还不止一种，天上飞的、地上爬的都有"。这也是他多年观察得出的结论。

和每个夜晚一样，高叔先在山林里走过一弯又一弯，忽然，远远看到前面的高坎处有个亮点——萤火虫！

他内心一阵激动，再走近，俯身拨开一片树叶，果然有只尾部亮着荧光的小虫，细细观察后，他心里有数了："是只扁萤雌成虫。周围布满了蛛丝网，旁边肯定有个蜘蛛窝，来晚了它就成了蜘蛛的美餐。"

小心翼翼地捧出这只扁萤，拍照记录，放归安全之地，今夜高叔先能心满意足地睡个好觉了。走出天台山景区山门，已经凌晨一点，农历十六的月亮又大又圆，透过厚厚的云层露出一张发红的脸，与高叔先冻红的脸色一般无二。

有月光照明，山路亮堂了许多，不过于高叔先而言，月色仅是种景致罢了，往返山脚的家和山上林野间的路，他几乎每个夜晚都要走一遍。十年时间，每一步已烂熟于心。

"天黑出门，凌晨两三点才睡觉是常态。萤火虫活动的高峰期有时在山里通宵达旦。"这样的生活从2007年初开始。

彼时，高叔先在天台山景区管委会任职，恰逢邛崃市决定开发天台山萤火虫旅游的资源调查，他成为萤火虫项目组的一员。跟在来自台湾的萤火虫专家身后，高叔先第一次近距离认识萤火虫，"当时萤火虫还不多，只是证实了天台山确实有。"

或许就像男孩儿说不清为什么喜欢汽车，女孩儿道不明为什么喜欢漂亮裙子，高叔先讲不清楚自己为何被萤火虫深深吸引，只道是"一不小心就爱上了"。专家离开以后，天台山萤火虫观察、资源调查、研究、饲养、复育等事落在高叔先身上，此后无论工作如何变动，他爱萤火虫的心已经不能移。对萤火虫的关注与保护不再是工作，成了情感和生活的一部分。

当个红娘　给冬天的萤火虫筑洞房

大雪节气来了，淅淅沥沥的冬雨让山林无法入眠，夜幕下没有一丝月光。

高叔先又独自走在山间的小道上，任凭雨珠从额头滑落，似乎察觉不到刺骨的寒气。

转眼，他又有了惊奇的发现——点点飞舞的荧光从这头到了那头，"看来是在寻找配偶的雄虫，这个季节可不容易找到"。高叔先决定帮这个"小伙"一把。静立在那里，等"小伙"飞过来，一伸手，萤火虫稳稳地留在了手心，放入事先准备好的容器里。

继续向前，前面的路边地上一个不动的光点映入了眼帘，他一路小跑过去，扒开草丛，一只漂亮的萤火虫新娘在那里深情地等候。摘得一片宽大的草叶，他小心拾起、轻轻包裹，将其放进了宽大的挎包。把"准新娘"和"准新郎"双双带回了家，并给它们布置了一个温馨安全的"洞房"。第二天晚上，他又到三十公里外的一条山谷中为"准新娘"找了两个"壮小伙"，希望来年看到一群健壮的萤火虫宝宝。

说起来，高叔先为守护萤火虫做的事挺好总结，主要是对本地萤火虫的种类、习性、数量等进行资源调查，同时研究性地饲养本土萤火虫，以及组织引导人们观赏萤火虫、拍摄萤火虫，人工干预改善萤火虫栖息地环境，采用生态复育的办法优化、促进萤火虫种群和数量的增加等。然而真正实施起来，纷繁复杂，苦乐自知。

昼伏夜出　四年摸清萤火虫分布

在山里突遇暴雨成落汤鸡，被各种各样的蛇、野兽惊吓，摔下山坡受伤，被狗追咬掉进山沟，长期在阴暗潮湿的环境不免受风湿困扰，通宵达旦穿梭于深山老林……诸如这些都是家常便饭，偶尔还有惊心动魄。

"本来正在树根卜瞅萤火虫幼虫，突然一声动物的嚎叫惊起，阴森恐怖，有种不寒而栗之感。抬头看到树干被黑熊撕咬过的痕迹，接着又听到动物摩擦草丛的窸窣声。"高叔先说，那一刻他吓坏了，拔腿就跑，躲过与黑熊面对面的惊险。

高叔先犹如"独行侠"，来来去去穿梭山林没有线路图、没有终点线。"老婆孩子，还有兄弟都当过助手。"高叔先说，时常人手不够，忙不过来，

高叔先给一对萤火虫拍照　杨涛摄影

他就征用家人做伴当助手。

　　手中忽明忽灭的灯光随着走路的节拍在密林里忽闪，高叔先越发有劲儿，因为他又见到了雪萤——冬天的萤火虫之一。此时钟表的钉脚已经跳到凌晨2点41分，"这个时间正是精神好的时候，我现在的生活节奏像萤火虫，晚上不到3点睡不着。"十年守护成为一种习惯，高叔先为萤火虫所做的事情便屡见不鲜。萤火虫活动的旺盛期是他夜间活动的峰值期，经常通宵达旦在山林里守候观察。

　　邛崃、大邑、名山、芦山等地的深山老林，高叔先已经踏遍、踩熟，他用四年时间掌握了这些区域萤火虫的种类、分布、出现时间、活动特点、生育习性等。

首次发现　萤火虫户外活动九个月

　　记不清具体从什么时候起，天台山的萤火虫真的变多了。网友陆续送出"亚洲最大的生态萤火虫观赏地""全球八大萤火虫观赏地之一""全球十大萤火虫栖息地之一"等牌匾。但高叔先对2015年有颇深的记忆，"天台山的游客量超过50万人（次），很多人为萤火虫慕名而来"。

　　这一年，高叔先特别忙碌。"我接待过专门从北京、黑龙江、天津、广东、上海、新疆、山东等地方坐飞机赶来看萤火虫的，还有人特意到萤火虫飞舞的'星光大道'上求婚。也不知道，是不是人气感染了萤火虫，以前的6月，只有很狭窄的两三百平方米才有萤火虫飞舞，那一年的萤火虫分布到方圆四五公里范围。"

同在这一年，高叔先首次发现从3月下旬到12月中旬，天台山都有萤火虫的身影，"多种萤火虫交替出现，成虫每年有5个活动的高峰期，而且每一个阶段会有多种萤火虫同时出现"。根据不同形态分类，高叔先确定天台山及周边有20多种萤火虫。

不吝此生　计划开萤火虫主题客栈

南朝萧绎赞萤火虫的光彩"类星陨""若生花""疑神火""似夜珠"。

高叔先没用过太多溢美的言辞表达对萤火虫的爱，只争朝夕做"拾光彩"的事情，让每一只与他相遇的萤火虫"不吝此生轻"。

但萤火虫受到的伤害让他惴惴不安。"和别人吵过太多架了。"高叔先苦笑着说，"来的人多了，干扰也多了。有的借口为了满足孩子的好奇心，强行捕捉。"好在，他用一己之力对抗伤害的过程中，总有热心的人站在他这边，"很多人愿意帮忙一起制止，会比较有效"。

在高叔先看来，人是萤火虫最大的天敌，如果人成了萤火虫的朋友，就不担心生态环境遭受破坏。"有萤火虫的地方说明生态环境很好，所以保护萤火虫应当是保护环境的一个重要内容。"

在山脚下，高叔先和当地大多数老百姓一样，有自己的家改装的门店，做餐饮开客栈。为了把保护萤火虫的意识传递给更多人，他已经着手把自家的旅店设计成萤火虫主题店。去年才大学毕业的儿子很愿意提供帮助，把年轻一代的思考都带回来了，诸如以后怎么进行线上推广，怎么线上科普萤火虫知识等。

（本文原载于2017年12月18日《华西都市报》

封面新闻记者：李媛莉）

解开成都的暖冬密码

2009年11月17日，成都入冬的第一天，就下了第一场雪；2017年1月9日，成都已入冬第48天，只有1天最低气温下了0℃。

2011年1月1日，你穿着羽绒服感受市区里的"头皮雪"；2017年1月2日，你却穿着呢子大衣在晒着太阳。

2008年1月11日，成都的日最低气温降到了-4.3℃；2017年1月8日，成都的日最低气温竟然飙到了"春天里"。

数九寒冬，本应是一年中最冷的时候，可成都人却没有感受到来自气温的"威胁"。不少人都有这样一个感觉：这个冬天，成都有点暖。就算此时正有一股冷空气光临，也丝毫不影响大家对这个冬天的评价。暖冬，"装怪"的不只气温，蓉城四处都怪相丛生。

成都四大怪

第一怪　地暖用不上

成都虽在南方，但冬天可不好过。没有暖气，空气又潮湿，这种冷，是深入灵魂深处的冷。为了不靠抖来取暖，市民张女士狠了个心，在装修新房时花钱装了地暖。每年冬天，当朋友们抱着暖水袋缩成一团，或者是在空调房里干燥得流鼻血时，张女士多少有些庆幸。

2017年冬天，她的"优越感"没有了。地暖一直都没用过，"根本不冷，完全用不上。"张女士每天回到家第一件事，就是看房间里的温度计，不知道应该是高兴还是失望，温度计的读数，几乎都保持在五六度。不仅地暖成了摆设，一向从11月就开始受宠的秋裤，也被压在箱底、默默哭泣。

第二怪　冬衣卖不脱

24岁的小李大学毕业后开了一家网店卖女装。2016年10月，她给自己定了个小目标：月销量从之前的两三百增加到一千。为何有如此雄心壮志？小李从网上得知，2017年冬天可能是"史上最冷"。"既然这么冷，羽绒服一定好卖，多囤一些。"

从11月入冬以来，小李就一直盼啊盼，都已经是2017年了，"最冷冬天还没盼来，怕是要盼来春暖花开了"。小目标没能实现，囤了一屋子的货，愁得没地方处理。

第三怪　蝈蝈不冬眠

偏高的气温，也打乱了昆虫们的"生物钟"。2017年1月的一天，位于青城山脚下的成都华希昆虫博物馆门口，出现了一只全身黄绿色、不时咕咕叫的小东西——蝈蝈。

蝈蝈很"娇气"，气温一低，它就食欲不振，容易"感冒"。因此，每到冬天，大部分成虫产下卵后就会死去，少部分可能躲在温暖的地方。隆冬1月，居然能看到蝈蝈的身影，可见，今年冬天"威力"真的不够。

对于发现蝈蝈，华希昆虫博物馆馆长赵力并不意外，2016年12月以来，他

在青城山发现的枯叶蛱蝶　受访者供图

已有一连串新的发现：第一次在12月初看到蜉蝣在飞，出太阳的日子常看到枯叶蝶，最近还能看到有昆虫在扑灯……

这些一般都是在四五月或者夏季才会出现的现象，集体搞"穿越"，其幕后"推手"正是居高不下的气温。往年12月底，青城山必有一场雪，而今年，雪却迟到了。气温偏高，让以成体越冬的昆虫，不能完全进入冬眠状态；而本来应该以幼体越冬的昆虫，以为春天来了，可能会提前羽化。

第四怪　菜花提前开

花儿也闻到了暖冬的气息。

2017年1月5日，杨女士到双流区黄水镇一农家乐去摘冬草莓，却意外闯入一片黄灿灿的油菜花海。"这究竟是冬天还是春天？"开得正艳的油菜花，让杨女士有些错乱。

不只在双流，成都周边好多地方的油菜花都遍地开。摄影爱好者王先生开玩笑说，拍油菜花都不用再等到阳春三月去打拥堂了，"这个天拍，效果也不差。"

油菜花早开可以理解，温度高，把花儿给忽悠了，可蜡梅花也提前开了，这是怎么回事？刚到12月，成都一些小区里、公园里的蜡梅就已吐露芬芳。

其实，大家都误会蜡梅了，虽然它"凌寒独自开"，但它性喜阳光。一般蜡梅品种经过一个星期5℃以下的低温后，就能开花。11月21日，成都的一股冷空气，让气温骤然下降，而12月以来，气温却回升了，一些光照好的地方的蜡梅，就提前开放了。

天气两大怪

2016年11月开始　拉尼娜就"不在状态"

要把一切都怪在气温上，气温也很"冤"："我高还是低，又不是我能决定的。"那是什么决定的呢？

这一切，与一个"小女孩"息息相关。小女孩叫拉尼娜，来自海上，很多人对于她的哥哥厄尔尼诺应该更熟悉。他们虽然形影不离，但脾气大不相同，也爱对着干，厄尔尼诺"热情"，拉尼娜"冷漠"。

2016年5月，厄尔尼诺离开后，赤道中东太平洋海温持续偏低，到8月时，滑动平均NINO3.4指数≤-0.5℃，于是就进入拉尼娜状态。如果该状态持续5个月，就判定为形成一次拉尼娜事件。

拉尼娜究竟有怎样的"魔力"，能让大家瑟瑟发抖？拉尼娜的出现，搅乱了中低纬度的大气环流，而中高纬度的大气环流也会受到"牵连"，这样一来，东亚冬季风就偏强，冷空气也更加活跃。

不过，从2016年11月14日开始，拉尼娜就很不在状态，国家气候中心预计，在2017年初，拉尼娜状态可能会衰减结束，并进入正常状态。也就是说，拉尼娜事件可能中途夭折。这样一来，原本以为的"冷冬"就失约了。

北极冷空气偷懒　没能坚持走到四川

拉尼娜脾气虽大，但也不能只手遮天。它的存在，只是意味着冷冬是个大概率事件，但决定冷冬的因素还很多，最主要的因素还不是拉尼娜，而是来自北冰洋以及西伯利亚高寒地区的冷空气。

冷空气要南下，必须有北极海冰、欧亚积雪以及中高纬度环流演变等因素的共同作用。前段时间，西伯利亚高压一直处于偏弱状态，又没有合适的大气环流引导，因此，冷空气有些懈怠偷懒。即使有冷空气到中国，最终也没能坚持到四川。

自从2016年11月21至26日的区域性寒潮后，四川就没有正儿八经的冷空气，最多只是弱冷空气小打小闹，气温当然不服软。最冷的"三九"到来的前夕，一股冷空气降临，不过作用也有限，盆地的日平均气温下降幅度仅在4～6℃。

不过，一股冷空气要想完全扭转暖冬的局势，似乎还差点火候。

说了这么多，还有一个重要的背景别忘了：整个地球现在都在升温。近百年来全球和中国的气候正经历一次以变暖为主要特征的显著变化。四川位于青藏高原东侧，在高原－盆地这一特殊的地理环境下，四川是气候变化影响下的敏感区、脆弱区。

盆地气候变化与全球气候变暖相比，有些滞后，经历了20世纪80年代气温偏低后，90年代已开始进入显著的增温阶段，这几年四川的冬季增温明显。2016年，四川全省平均气温15.9℃，偏高0.8℃，已是气温连续12年偏高了。

成都信息工程大学大气科学学院副教授程志刚，通过分析卫星遥感监测数据等手段，对比了近43年（1971—2014年）大成都范围内的气候特征变化。得到的结果是，自2000年后的10多年来，成都的干岛效应和热岛效应突出，成都地区高温日数呈显著增加趋势。高温日数增加，意味着夏季更热，冬季不冷。

（本文原载于2017年1月9日《华西都市报》

封面新闻记者：吴冰清）

热带昆虫
结伴造访青城山

　　2017年7月，成都青城山山顶，夜幕降临，炎热渐渐退去。唧唧唧、吱吱吱、嗡嗡嗡……草丛间，一曲"交响曲"开始奏起。

　　一片空地上，两盏1000瓦的白炽灯亮起，旁边，一块长3米、宽2米的白布拉开，一台好戏即将上演。10多分钟后，昆虫们陆续登台集合，工作人员开始点名：箩纹蛾、阳长臂金龟、黄纹天牛……

　　每个月，成都华希昆虫博物馆工作人员都通过这样"灯诱"的方式，来观察研究川西昆虫种类分布。

　　高温连连，人类在朋友圈里"炸"开了锅，而昆虫的世界里，也并不平静。近年来，工作人员发现，"昆虫表演队伍"在不断壮大，出现了长尾大蚕蛾、奥锹甲等"新成员"，而"老班底"中，一些昆虫也在悄悄发生着变化……春江水暖鸭先知，酷暑难耐，青城山的昆虫们也提前感应到了。

川西首次发现长尾大蚕蛾

2017年6月开始，成都的气温一路攀升，华希昆虫博物馆馆长赵力和工作人员忙碌了起来。盛夏的晚上，昆虫大军们开始大规模出动，正是研究它们的最好时机。

多数昆虫，尤其是"飞行部队"的昆虫，有趋光性。灯诱，是召集它们最好的办法。

6月底的一个傍晚，当天色暗下来，青城山山顶一块空旷的草地上，两盏1000瓦的白炽灯亮起，昆虫们寻光而来，在灯光旁的一块白布上"集合"。

"这是箩纹蛾，这是黑扁锹甲……"赵力一一点名。一个颜色艳丽的"风筝"引起了他的注意。"风筝"的身体呈粉绿色，十分抢眼，两条长长的红色尾巴，像一把剪刀。

这是一只雄性长尾大蚕蛾。不远处，赵力还发现了两只雄性长尾大蚕蛾，可惜的是，这两只的尾突各断掉了一只。

不只欣喜于它的高颜值，让赵力更激动的是，这是川西首次发现存活的长尾大蚕蛾。"2016年7月底，在青城山发现过一只，但已经死亡了。"

"外来户"长尾大蚕蛾，喜欢气温较高的地方，它的"老家"在热带地区，在中国，它多出现在广东、广西、福建等靠南的省区。"以前，最往北，只在重庆四面山发现过。"

赵力分析，长尾大蚕蛾的出现，与近年来的高温不无关系。"一个地方一次出现了3只，这说明，这附近，应该存在一定数量的种群。"

"大个头"阳长臂金龟造访

首次在川西发现长尾大蚕蛾，让赵力惊喜不已。他将这只完整的长尾大蚕蛾放进纸袋，小心翼翼地带回博物馆。

经测量，这只长尾大蚕蛾尾突15厘米左右，那对粉绿色又带着粉红色花边的翅膀上，鳞片还未脱落，"猜测最近几天之内才变成成虫的"。

青城箭环蝶　受访者供图

蓝头叶甲之恋 受访者供图

在东南亚的"老家",长尾大蚕蛾的成虫一般在4月份就出现,而住在广东、广西的,则要晚一个月。"气温越低,幼虫需要的生长期越长,所以,越往北时间越晚,成都的气温虽然升高,但不比南方地区,所以成虫出现的时间会晚一些。"赵力说。

长尾大蚕蛾并不孤独。就在它被发现的一个星期后,赵力又在同一地点,发现了一个穿着裙摆带点淡黄色的黑礼服的家伙。它叫奥锹甲,算是长尾大蚕蛾的"邻居",同样多分布在东南亚和我国两广地区。"这次也是首次在川西地区发现。"赵力说。

近两年来,这样的"首次发现"时有出现。

2013年8月2日晚,青城山脚下,昏暗的灯光下,一只"大个头"的金龟子引起了游客的注意。这是一只身长近8厘米的阳长臂金龟。

阳长臂金龟一般在海南岛、广东、广西等热带地区,在四川不多,不过,近年来,这种昆虫也时常露脸。2017年,赵力又在青城山发现了一只阳长臂金龟。"与上世纪30年代峨眉山的采集记录相比,它们的体长由过去的5.8厘米普遍增加到6.5厘米左右。"

在赵力看来，昆虫的个头变大，也是气候变暖的一个证据，"温度升高，生长期提前，生长速度也变快，于是，体型变大了。"

笋纹蛾竟然5天孵化完成

另一边，成都的气温也屡屡破纪录。

2016年8月中下旬，"立秋"已过，可"秋老虎"在副热带高压的"指使"下，越发猖狂。从8月19日开始到25日，成都连续7天热到了35℃以上。8月21日，更是达到了36.7℃，创下了近30年之最。

2017年，高温又早了一步。7月10日、11日，成都连续两天气温达到36.5℃，破纪录的架势十足。

从1986年至今，温江国家基准气象站最高气温超过36℃的年份只有2006年、2013年、2015年、2016年，还有2017年。这样看来，成都36℃不常有，但最近几年，却几乎年年见。

2016年，成都市年平均气温为17.2℃，较常年偏高0.9℃，为1961年以来第三高。2015至2016年的这个冬天，成都入冬时间比常年推迟12至20天，都江堰、彭州、郫都、新津、大邑、新都、金堂等7站达到暖冬标准。2016至2017年的冬季，成都有9个区市县冬季平均气温创历年同期新高，暖冬现象异常明显。

不只夏天热，冬天也没那么冷了。对于一些昆虫来说，正是"疯长"的时期。去年8月，成都最热的一段时间，青城山一只笋纹蛾，5天就孵化完成，孵化时间缩短足足两周。高温犹如一支催熟剂，加快了蛾类的新陈代谢，蛾类数量翻番。

贡嘎山上的绢蝶被逼撤离

气温升高，对于低海拔的昆虫来说，正是开拓疆土的大好时机；然而，对于高海拔的昆虫来说，却是一个噩梦。高原的精灵——各种绢蝶就遭遇了一场灾难。

贡嘎山雪线附近，人迹罕至。2017年7月，春天姗姗来迟，积雪开始渐渐消融，耐高寒的罂粟科和景天科植物在慢慢地舒展枝叶，奶黄色的绒蒿花和紫色的龙胆花也悄悄地扯开紧裹了一个长冬的外罩。在泥土缝里、石隙中，一只只穿着白底红圆点外衣的绢蝶，开始羽化，在阳光的照耀下，这一个个白色的身影翩翩起舞……

也许，再过若干年，这样美丽的画面将仅存于记忆中。

曾做绢蝶生意的当地人对这一变化深有体会。20世纪80年代，改革开放的风也吹到了贡嘎山，绢蝶贸易迎来了最鼎盛的时期。每逢七八月，绢蝶开始飞舞，当地一些村民也忙碌了起来。

他们拿着网子，在山坡上挥舞，将捕捉到的绢蝶放进纸袋里，拿下山去卖。一只绢蝶能卖到几十元甚至上百元，短短两个月，一人可以捕捉上千只，收入上万不是难事。

1989年，《野生动物保护法》实施，绢蝶被保护了起来。当然，还是有人为了利益，铤而走险。不过，近年来，贡嘎山上的绢蝶生意人几乎都转行了，除了抓捕禁令，还因为——没有绢蝶可以抓了。

川西20多年前发现绢蝶的地方，现在80%的区域都已经看不到绢蝶了。过去，每到七八月，贡嘎山上海拔3800米以上，就能看见成群飞舞的绢蝶，2013年，要看到绢蝶，你得再往上爬700米。

海拔越高，气温越低。气温升高后，"高冷"的绢蝶，只能往更冷的高处迁移。不过，这样一来，它的生活范围变窄了，因为，不是所有的山峰，都有足够高的海拔。

赵力说，目前，海拔4000米以上生活的绢蝶已经处于一种孤岛状分布，它们分散居住在山峰之上，生殖隔离，基因开始缺少交流，将逐渐面临灭绝危机。

欧洲高海拔昆虫也陷入困境

这样的尴尬并不只出现在我们身边。

欧洲的绢蝶数量也在减少，阿波罗绢蝶，因后翅上有像太阳一样的红斑而得名，在欧洲是最高级别的保护动物，据说已经在阿尔卑斯山基本灭绝了，法国境内几乎看不到了。"这一切，与高温不无关系。"赵力说。

就在2017年6月20日，世界气象组织发表声明称，地球正在经历极端炎热的一年。5月和6月，欧洲、中东、北非和美国部分地区经历了异常高温天气。

美国国家海洋和大气管理局发布的报告显示，21世纪以来，全球年度（平均）气温纪录已被打破5次，分别是2005年、2010年、2014年、2015年和2016年。美国航天局戈达德空间研究所负责人加文·施密特曾表示，20世纪中后期以来，地球气温正在加速变暖。

而范围缩小到成都，时间缩小到最近。2017年7月1日至20日，成都的平均气温较1977年至2016年这40年同期平均值偏高1.3～2.8℃。

全球升温，也带来了一系列连锁反应，出现在川西的热带昆虫就是无数反应中的一小部分。

欣喜地看到一些新面孔的同时，赵力也有些担忧，尤其是对于高海拔的昆虫。"海拔5600米的永冻雪线，这是昆虫生存的极限，因此，昆虫朝着高山迁徙，终究还是有尽头的。"

（本文原载于2017年7月31日《华西都市报》

封面新闻记者：吴冰清）

雪地蜜蜂在成都暖冬的奇异之旅

乱云低薄暮，急雪舞回风。

大寒已过，候鸟南飞，走兽冬眠，啾啾蝉鸣早已不见踪影。

入腊月，已是冷风如刀，小昆虫大多销声匿迹。《月令七十二候集解》有云："二月节……万物出乎震，震为雷，故曰惊蛰，是蛰虫惊而出走矣。"按理说，待到立春后气温转暖，甚至要至惊蛰，才是万物复苏之时。然而，2018年这个冬天，成都西面的龙溪—虹口自然保护区，枝头皑皑白雪，一些小小身影仍在飞舞。白雪金翅，生机盎然，中华蜜蜂，罕见地活跃在成都高山雪原。

中华蜜蜂罕见在雪地遛弯

宋代诗人陆游，写了多首和蜜蜂有关的诗。

春天他写："寻巢燕熟频穿户，酿蜜蜂喧不避人。"花前自醉，放翁看春，日光暖暖，很是惬意。没过几个月，话锋又变了，"泥新巢燕闹，花尽蜜蜂稀"。陆游略一沉吟，落在纸上的是燕子从南而

龙溪−虹口自然保护区里发现的雪地蜜蜂 受访者供图

返、忙筑新巢；春花渐次凋谢，蜜蜂也一日比一日稀少。

放翁今日若在，该有新诗可写——立夏后就该逐渐蛰伏的蜜蜂，在成都的冬天，罕见地没有绝迹。"前几天，我到都江堰市龙溪−虹口国家级自然保护区考察，发现竟然还有蜜蜂在活动。"2018年1月24日，成都华希昆虫博物馆馆长赵力谈到这一现象时，颇为意外，"在保护站附近的雪地上，仍有蜜蜂飞舞，这和大家一般认为蜜蜂冬天不外出活动的常识相悖。"

就在1月初，万里之外的北美大陆迎来"炸弹气旋"，美国东北部地区遭受暴风雪侵袭，4000多个航班取消，部分地区体感温度甚至达到−69℃。然而在成都，2018年目前为止的气温都还算温和。气象专家说："对成都来说，2018年可以算是个暖冬。"

发现雪地上有蜜蜂飞舞时，赵力持相机，小心翼翼地靠近。体躯较小、头胸部黑色、腹部黄黑色、全身披黄褐色绒毛……"这些蜜蜂是土生土长的中华蜜蜂，亚洲特有的东方蜂种。"

据资料记载，中华蜜蜂既耐寒又耐热，在天然树洞里能度过−30℃至−40℃的严冬，在10℃的气温时就可出巢飞翔采集，但是在如此低的气温下外出活动，赵力相当惊讶："还未见记载。"

在雪地里拍摄的赵力　受访者供图

冬天没花采　纯属瞎逛喝点水

事实上，作为变温动物，蜜蜂的体温会随着周围环境的温度改变。为了抵御严寒，大多数种类蜜蜂在8℃以下就处于冬眠状态，它们只在蜂巢内抱团取暖，不会外出活动。但赵力观察到雪地蜂舞的当天，龙溪-虹口自然保护区保护站外悬挂的温度计显示，当时的户外气温只有0℃左右。"这个温度几乎是昆虫活动的禁区。"

蜜蜂这种群体性很强的昆虫，为何在冬天出现"叛徒"离队？一个猜测是，在阳光照射下，蜂巢的温度升高较多，让这些蜜蜂有机会外出活动。"除了蜜蜂，雪地上还有蚊子和蝎蛉飞舞，这也比较反常。"赵力认为，在阳光下，这些昆虫体温能够升高到可以自由活动的程度，成为海拔2000米左右冬季长期积雪的高山上一道独特的景观。

雪地蜂舞，这样的景象或许与近年来成都冬季气温持续走高有关，另一个可能是，中华蜜蜂的耐寒能力超越了我们的想象。

"冬天没有花儿，他们出来吃啥？""估计就是上厕所、喝水、瞎逛。"赵力笑呵呵地解释，"中华蜜蜂的寿命，虽然有记载的是冬季最长3个月，但是从观察来看肯定不止，我估计有5个月以上。"按照这样的推算，这几只大冬天闲逛的中华蜜蜂，极有可能是于2017年11月左右变成工蜂，将在2018年3月底、4月初走完自己的一生。

西洋蜂数量已是中华蜜蜂五倍

"并不常见"的本地土著蜂——中华蜜蜂，在隆冬时节依然出没的背后，仍有动物界残酷竞争的影子。

作为有7000万年进化史的古老物种，从东南沿海到青藏高原都有中华蜜蜂出没的身影。据调查，中华蜜蜂的分布，北线至黑龙江省的小兴安岭，西北至甘肃省武威、青海省乐都，新疆深山也发现有少量分布。西南线至雅鲁藏布江中下游的墨脱、摄拉木，南至海南，东到台湾，四川则是中华蜜蜂的集中分布区之一。

然而，当"土著蜂"遭遇"外来蜂"，一场生态危机的飓风卷起。自1896年西洋蜜蜂被引进、大量繁育以来，西洋蜜蜂在全国的总群数约500万群。而中华蜜蜂群已经不足100万群，山林中已很难找到野生中华蜜蜂群了。除了毁林造田、滥施农药、环境污染等因素，造成中华蜜蜂生存危机的主因是引入的西洋蜜蜂。

这些"外来蜂"对"土著蜂"有很强的攻击力。据养蜂专家介绍，西洋蜜蜂以意大利蜂为代表，杀伤力强，三五只意人利蜂就能破坏一个中华蜜蜂的蜂群。意大利蜂翅膀振动的频率，与中华蜜蜂的雄蜂翅膀振动的频率有点相似，被中华蜜蜂误认为它是雄蜂，意大利蜂顺利进入巢门后，会杀死中华蜜蜂的蜂王。

百年来锐减八成　黄河以北已经濒危

自西洋蜜蜂引入中国120年以来，中华蜜蜂受到了严重威胁，种群数量减少80%以上，分布区域缩小了75%以上。黄河以北地区，只在一些山区保有少量中华蜜蜂，处于濒危状态，蜂群数量减少95%以上；新疆、大兴安岭和长江流域的平原地区，中华蜜蜂已灭绝，半山区处于濒危状态，大山区处于易危和稀有状态，蜂群减少60%以上；只在云南怒江流域、四川西部、西藏还保存自然生存状态。

"能在龙溪－虹口国家级自然保护区见到中华蜜蜂的活动，是很高兴的事情。"赵力说，在我国，中华蜜蜂抗寒、抗敌害能力远远超过西洋蜂种，一些冬季开花的植物如无中华蜜蜂授粉，必然影响生存，而西洋蜜蜂的嗅觉与中国很多树种不相配，不能给这些植物授粉。我国很多植物能繁衍生息千百年，中华蜜蜂功不可没，"例如中华蜜蜂为苹果授粉率比西洋蜜蜂高30%，且耐低温、出勤早、善于搜集零星蜜源，对于保护我国生态环境意义重大"。

知名诗人大家　曾洋洋洒洒为其赋诗

中国是世界养蜂第一大国，究其原因，还是为了蜂蜜。

中国古代文学史上，蜜蜂的"鼎盛期"集中在宋朝，许多知名诗人大家，都曾洋洋洒洒为其赋诗。1082年，四川眉山人苏轼因"乌台诗案"被贬谪黄州，门庭冷清，不得签署公事，平日太闲，嗜酒又没得喝。老乡杨世昌听说之后甚为怜惜，拂尘一挥，给他弄了个用糯米、蜂蜜为原料的酿酒方子，"不如春瓮自生香，蜂为耕耘花作米。三日开瓮香满城，快泻银瓶不须拨。君不见南园采花蜂似雨，天教酿酒醉先生"。

苏轼之后有陆游，身处南宋危亡之际，自嘲少一些，叹息多一些。"藤叶成阴山鸟下，桧花满地蜜蜂忙"，放翁也写春日蜂忙，但忍不住给蜜蜂加了一层自家放旷的叹息，"流年不贷世人老，造物能容吾辈狂"。

比起前面两位，杨万里似乎轻松许多。某个春天，他走出贡院买花，顺手捎带了几只蜜蜂回来，"便有蜜蜂三两辈，啄长三尺绕枝忙。"进士及第的诚斋先生在南宋四朝的岁月里，过得显然比陆放翁更自在。

然而，蜜蜂一直是忙碌的。南来北往，短短数月生命中，既要酿蜜，又要生崽，有时候和蛱蝶逛逛园子，还经常要被诗人捉来放进墨水里。但日子总归要比千年后好过许多——1896年，以意大利蜂为代表的西洋蜜蜂进入中国，一场屠杀开始，中华蜜蜂的好时光戛然而止。"南园采花蜂似雨"，也只是历史的咏叹了。

2018年这个冬天，我们欣喜地与中华蜜蜂相遇，看它穿花度柳飞如箭。等到春天，又是一番惊喜，"百花头上选群芳，收拾香腴入洞房"。

（本文原载于2018年1月29日《华西都市报》

封面新闻记者：杨雪）

青龙湖边
用镜头『打鸟』的城市猎人

成都，仲春。阳光灿烂，花木葳蕤。

清晨，一群野鸭子穿过弥漫的雾气，游弋到清幽的青龙湖岸边，湖岸四周游人稀少，那份静怡之美显得更甚。

湖边的一片小树林里，却挤满了人，数十只巨大的摄影镜头悄悄地从树影中探出来，一动不动地对着湖面。镜头后满是端坐的敦实男子，他们如同猎人一样在守候猎物。

许久，一只巨大的黄褐色大鸟掠过湖面，寂静的树林里瞬间传出一阵短促的惊呼："来了！来了！"

短短几秒，此起彼伏的"嗒嗒嗒"声响彻整个树林，他们，就是那群独钓寒江雪的"打鸟人"。自从2017年12月15日，成都观鸟协会理事邹滔在成都青龙湖首次观测到大型猛禽白尾海雕后，热衷"打鸟"的摄友们几乎每日都将设备架设在岸边，等候这只白尾海雕的表演。

大鸟俯冲　他连按了184张照片

"我拍的这俯冲画面太帅了！"手持600毫米镜头拍摄的华老师等大鸟刚飞走，就迫不及待地查看相机画面。在刚才那阵小骚动中，他连按了184张照片，有些发麻的手指在翻看中都显得没那么灵活。短暂查看后，他又和周围人一样机械式地端坐在小马扎上，整个人群瞬间安静下来，大家如同一尊尊雕塑，将手指放在快门按键上，等待大鸟的第二次出现。

被他们追捧的大鸟是被列入国家一级保护动物的大型猛禽白尾海雕。其头、颈呈现淡黄褐色，有纯白色呈楔状的短尾，飞翔时两翅平直，常轻轻扇动。飞行一阵后往往会来一个短暂的滑翔，姿态之优美，如同空中精灵一般。

据成都观鸟协会会长沈尤介绍，白尾海雕是大型猛禽，体长84～91厘米，成鸟多为暗褐色，多活动于江河及湖泊附近的沼泽地带，繁殖于欧亚大陆北部和格陵兰岛，越冬于朝鲜、日本、印度、地中海和非洲西北部。在中国境内较为罕见，1992年在新疆首次发现，冬季于10月—11月迁到越冬地，春季最晚于3月—4月离开越冬地。

顶级拍客　配10万元的超长远摄镜头

成都青龙湖湿地野生鸟类众多，根据成都观鸟协会连续多年的观察统计，青龙湖现已记录野生鸟类200多种，其中稀有、易危、濒危鸟类近30种。

野生鸟类惧怕人类，很难被人近距离观察，在自然环境中直接观察有很大难度。它们稀有，难见，很难接近，想要留下它们不可重复性的珍贵影像，照相机就有了用武之地。越少越小的鸟类备受追捧，就是奉行了"物以稀为贵"的定理。

被人俗称的"打鸟"是指为了拍到理想的鸟类照片，摄影爱好者必须远离鸟类，用长焦镜头拍照，这些长长的远摄镜头瞄准鸟群，就像打靶一样。为了拍到这些精灵的照片，背着几十斤重的设备钻山沟、涉浅滩，一等一整天是常事。

据资深鸟类拍客王振刚介绍，拍摄鸟类摄影器材宜为数码单反相机加上焦距400毫米以上的定焦镜头。动辄数万元的400毫米定焦镜头只是"打鸟"的入门款，很多顶级拍客，除了装备连拍速度、对焦速度极快的顶级单反机身外，还会购置几只价格接近10万元的超长远摄镜头，"打鸟"真的是很"发烧"。

为了观鸟　一年三分之一时间在山里

这是白尾海雕第一次被观测到莅临成都越冬。

2017年12月15日，成都观鸟会理事邹滔在冬日半晴半阴的正午，偶然于青龙湖捕捉到这种食物链顶端的猛禽。

30多岁的邹滔，在观鸟、拍鸟的这个圈子里，是妥妥儿的年轻人，但从资历来说，他已经是很专业的观鸟者了。"小时候，我爸常端了火药枪去打鸟，因为想改善伙食。"邹滔的幼年在仁寿彰家镇度过，依山傍水，屋后有竹林丛丛，"没想到吃着吃着，我吃出感情来，再小的麻雀也是生灵，不愿意我爸打鸟了。"

年龄大一点，邹滔骨子里对自然的亲近依赖越发明显，开始骚扰老爸打鸟。每次老爸上山，他都跟去，看老爸瞄准了哪一个枝头，他就咋呼呼地去把树上的鸟儿赶走。老爸也无奈，骂一句小兔崽子，时间久了，老爸觉得没劲，就放弃打鸟了，连火药枪都上交给派出所了。

现在邹滔都能够扳着手指头数，自己小时候最喜欢的鸟儿："朱颈斑鸠、白颊噪鹛，还有董鸡。"大学毕业后，他到贡嘎山自然保护区当了一年志愿者，从此走上自然保护这条职业道路。

而这条路的入门，就是观鸟。邹滔一年三分之一时间都在山里度过，所以回到成都的时候，他会觉得有点寂寞："动物不怎么常见了，兽类脚印也看不到。"

寂寞的邹滔背着相机，开始在成都的大小公园里徘徊，白鹭湾、青龙湖，处处留下脚印；青头潜鸭、白尾海雕，也被他定格在相机里。

百年变迁　成都为观鸟发源地之一

城市里少见野生动物，观鸟成为现代人动物生态拍摄中，最常见、门槛最

青龙湖现已记录野生鸟类200多种 谭曦摄影

低的活动。许多人从观鸟开始接触动物摄影，也从观鸟开始了解生态保护。成都观鸟协会，就是在这样的趋势里，经过10多年逐渐发展起来的。

每年9月到11月，候鸟从北方飞往南方，全国三大候鸟迁徙路线中，有两条经过四川，成都因为地理位置优越、自然环境好，吸引了越来越多的野生鸟类来此越冬，鸟类大量聚集在湿地滩涂觅食。春暖花开，到成都越冬的鸟儿们整装待发，往北飞去。

在更南的鸟类迁徙回北的路线上，成都是旅途上的一个茶馆，伴着红花绿叶，还有大好阳光，就观鸟、拍摄来讲，这是一年中最美妙的时刻了。

2018年3月25日，四川大学华西医学院的荷花池边，也有一群人屏气凝神。这里有最常出没的翠鸟，如果能拍到其入水捕鱼的那一刹那，是值得摄影者炫耀好几天的事。作为成都观鸟会推荐的成都十大观鸟地之一，这个池塘，几乎天天上演这样的场景。

时间倒推100年，第一次来到四川的美国人珍·鲍尔德斯顿女士与华西协合大学教授戴谦和先生结婚，从此定居于华西坝校园。从那个3月的春天开始，随后30

年，她详细记录了以家为中心、方圆10多公里内看到的103种鸟类的居留状况。

这是中国观鸟著述的开山之作，也因此，成都被称为中国内地观鸟发源地之一。

兵分九路　记录到水鸟51种9060只

2018年这个春天，成都观鸟协会的会长沈尤格外忙碌。

他筹备着要在3月底推出《成都150种鸟类观赏手册》，这可能是珍·鲍尔德斯顿女士于1919年拉开成都地区观鸟活动序幕以来，成都第一本综合性本土观鸟指南。为此，沈尤已经酝酿了13年。

在2017年冬天，成都观鸟协会、德阳观鸟爱鸟志愿者协会、洪雅县国有林场的43位观鸟爱好者兵分九路，在成都平原、沱江、青衣江流域的17个区块进行了成都平原越冬水鸟的同步调查，记录到水鸟51种9060只。全球极危的青头潜鸭，2018年再次出现在成都平原，这是这种全球存量不足1000只的珍贵鸟类，连续第五年到成都越冬。

"留连戏蝶时时舞，自在娇莺恰恰啼。"这与成都近10年来的水环境治理、城市绿道、环城生态区建设等措施息息相关。"成都平原的湿地以河流、湖泊等内陆天然湿地和水稻田、堰塘等人工湿地为主，为种类繁多、数量较大的鸟类栖居繁殖、迁徙和越冬提供重要条件。"沈尤说，反映湿地环境的健康状况，鸟类是一个重要的指标，"水鸟主要以鱼虾、水草和水生物为食，食物充足可以说明水质环境的优良，表现水文环境的健康稳定状况。"

我国从1982年开始，确定每年4月或5月的第一周为"爱鸟周"，而成都定在4月的第一周。这项活动，参与者越来越多。"打鸟"的发烧友、开始接触自然教育的小朋友、普通市民、自然保护专业人士……过去10多年里，成都范围内连续开展的鸟类多样性调查，基本掌握了成都市野鸟的种类与分布、变化情况。

（本文原载于2018年3月26日《华西都市报》

封面新闻记者：谭曦、杨雪）

雪山追寻报春花，留下珍稀植物传奇

2018年4月6日，成都知名植物科普微博"喵喵植物控"博主孙海、四川大学张磊博士、信阳师范学院讲师朱鑫鑫博士，以及来自中科院昆明植物研究所、清华大学等全国各地数十名追花人相聚成都，相约漫步在川西高山秘境森林里。

一场不期而至的春雪中，他们欣喜地发现：往常在4月末盛放的峨眉苣叶报春提前绽放了，冰天雪地中宛如一朵翩翩起舞的蓝色仙子。"宝兴报春，峨眉苣叶报春，川北脆蒴报春在雪中娇羞绽放！"孙海激动地在朋友圈写下了这段文字。

每株植物的背后，都有一段专属的文化和传奇。过去几年，巴蜀大地上，关于植物的传奇此起彼伏：销声匿迹60年的植物小南星重现王朗国家级自然保护区；彭州惊艳亮相的新种报春花被植物学家正式发表为新种"彭州报春"；"西岭万寿竹"正式发表……这些动人的发现背后，离不开植物达人们孜孜不倦的共同努力。

雪山报春　从早春持续到初夏

峨眉苣叶报春，生长于峨眉山和云南巧家药山，最新发现于西岭雪山。

作为追花团队的负责人，孙海曾在一家企业担任人事总监，如今在成都一所高校任教。业余时间，他除了在微博以"喵喵植物控"的名义科普植物常识，还和几位志同道合的伙伴创建了一个"自然足迹"团队。

清明前夕，孙海和"植物控"伙伴们相约趁着小长假到西岭雪山探访报春花的生长情况。假期去各地探访植物的奥秘，已成为这群"植物控"默契的心灵密码。无须太多言语，来自天南地北的"植物控"集结成都，带着摄影器材、换上冬装，一群人向着西岭雪山而去。

春雪中绽放的宝兴报春、蓝色的峨眉苣叶报春、紫色的腺果杜鹃、爱丽丝梦游仙境般的高山原始冷杉杜鹃林，此趟西岭雪山之行，孙海将其命名为"与知识同行的博物之旅"。

这不仅是一次美丽的踏青，还有着更深层次的意义。成都这座被浸润千年的历史文化名城，得益于周边群山连绵的地理环境，生物多样性极为丰富，孕育出了世界上绝无仅有的自然生态景观。"去探索城市与植物物候交织的奥秘，发掘植物背后的文化，这是我们关注的地方。"孙海说。

峨眉苣叶报春　受访者供图

"峨眉苣叶报春是一种蓝得醉人的报春花。"回忆起来，此次西岭雪山之行带给孙海最大的惊喜，是发现了绽放中的峨眉苣叶报春。银装素裹的森林里，纯蓝色的花瓣安静地绽放，自有一种奇幻的魔力。

"全世界约500种报春花属植物，我国的报春花种类达300多种，占据了五分之三，而西岭雪山更是报春花的天堂。"孙海细数着西岭雪山生长的数十种报春花：藏报春、川西燧瓣报春、二郎山报春、迎阳报春、卵叶报春、宝兴报春、宝兴掌叶报春……它们的足迹，在西岭雪山一直从低海拔延续到高海拔区域，从残雪未褪的早春持续到初夏。

"在这里，你能在不同海拔高度看到春天的步伐，十多种不同的报春次第开放，色彩缤纷、高低错落，似锦如霞般铺满了西岭的山野。"西岭雪山归来，孙海意犹未尽。

事实上，孙海已经数不清去过多少次西岭雪山了。西岭雪山算得上"植物控"的一个"据点"，是每年必去的神秘之境，大多数"植物控"一年会访问十几次。

如此频繁的探访，一方面源于西岭雪山植物的多样性，几乎每个月都是西岭雪山上某种植物的花期；另一方面，植物每年也会呈现出来变化。"有的植物去年观测到了，今年的位置、种群有什么变化？有的时候，植物花期的变化也能反映出物候的变化。"

传奇再现　找到"植物界大熊猫"

距瓣尾囊草，2010年11月被列入国家"一级珍稀保护植物"名录。

提及过去数年发现的诸多珍稀物种，距瓣尾囊草最让孙海动容。于他而言，再次发现距瓣尾囊草，犹如拾到被封藏已久的夜明珠，轻轻拭去灰尘后待它熠熠生辉。

1925年，美籍奥地利植物学家、探险家约瑟夫·洛克来到四川江油，在涪江上游首次发现了距瓣尾囊草，随即在植物学界引发轰动。然而，这个新物种如璀璨星辰惊现世间，很快如流星划过天际，湮没于苍苒时光中。

此后整整80年内，距瓣尾囊草从世间销声匿迹，再无国内外学者采集到。距瓣尾囊草，渐渐变成传奇。

但生命有多少无法预料的时刻，我们总是在最深的绝望里，遇见最美丽的惊喜。

2005年，一位植物工作者在考察过程中，于四川一处水库工地的悬崖边再次发现了距瓣尾囊草的身影，这种传奇的植物仅分布于采集地两三平方公里内临江的石灰岩壁上。它生长在山体半风化石灰岩裂缝内的腐殖土层上，仅靠有限的风化物质和岩壁缝穴浸出的水存活。"生长环境的苛刻极大地限制了距瓣尾囊草的分布范围和种群数量，其有限的个体更显珍贵。"

同年，距瓣尾囊草被列入中国物种红色名录，随后又在2010年被列为国家珍稀保护植物，堪称"植物界的大熊猫"。

遗憾的是，这个水库建成蓄水后，只有部分移植走的植株在迁徙地继续繁衍，原来发现的距瓣尾囊草栖息地已经淹没于水面下。

欣喜的是，苛刻的环境，并没有让这个珍稀物种消亡。

2015年春天。孙海和同伴前往距瓣尾囊草标本发现地，拍摄到了原生环境下的距瓣尾囊草居群，魔幻般的蓝紫色宛如自然的馈赠，这是"植物控"们与距瓣尾囊草的第一次亲密接触。为了用影像留住它的美，孙海蜷缩着身体，徒手爬上了石壁，拍下了石灰岩上独自绽放的距瓣尾囊草。

更大的惊喜接踵而至，随后他们又在成都境内一处石灰岩地形的石壁上，找到了距瓣尾囊草在自然环境中的另一个小小居群。"自那以后，每年花期我们都会相约着去拜访它们。"

定期探访距瓣尾囊草还有更多的意义。"如果一个物种不能有效地维持其居群的规模和自然更新，最终可能会导致居群的退化甚至灭绝。我们祈愿，这个珍贵的物种资源的种群，能在四川的山野中长久地生存繁衍下去。"

隐逸山野 "植物控"与虾脊兰的相遇

虾脊兰，生于海拔780～1500米的常绿阔叶林下，分布于中国和日本，有较高的园艺价值。

"植物控"团队的冯文利、孙海、黄科　受访者供图

每年春天，让孙海心心念念的还有典雅清香的虾脊兰。

花朵小巧玲珑的虾脊兰是众多兰科植物中的一种，小花形态貌似小虾，整个花序叠加有序，别有一番韵味。在中国，虾脊兰属植物主要生活在长江流域及其以南各省区的森林之中，一如山林隐士般潇洒飘逸，身姿从不轻易为人所见。

"川西莽莽原始山林很少有人类踏足，这里是中国虾脊兰属植物最后的胜地。"据孙海介绍，每年的4月到初夏，都有数种别具特色的虾脊兰在川西巍峨的群山中，在人迹罕至的幽暗山林里，暗自吐露芬芳。

为了探个究竟，一睹虾脊兰的风采，几年前孙海和"植物控"们开始流连于山高林密处，岩壑林泉中。孙海把这场旅程比喻为"寻隐者不遇"，然而行走间得以窥见古木清荫如云，听闻溪流处处有声，这本就是一场"馈赠"。

坚持换来了回报，"植物控"们陆续见到了许多种生活在川西密林之间的虾脊兰。让孙海印象深刻的峨边虾脊兰，它的花葶自叶丛间抽出，总状花序上排列着数十朵小花，唇瓣的轮廓圆菱形，三裂，侧裂片似镰刀状长圆形，唇瓣先端微微凹起。"它们在林下绽放时，我们一直惊为天人，让人赞叹不已。"

"隐逸一方山野逍遥自在，如今生存境遇也不容乐观。"孙海说，等各种虾脊兰的花期到了，还要去看看它们，"那些令世人羡慕不已的珍贵物种资源本就是自然的一场恩赐，这让我们更加珍爱这方热土，也加倍珍惜生态环境。"

为了让更多的人了解并喜爱这些美丽的珍稀物种，"植物控"们开始着手做更多的事，办科普讲座、在微博答疑、定期组织出游……早在2014年，专注于解答网友们在植物方面疑问的"喵喵植物控"微博就被中国科学技术协会评为公众喜爱的科普作品。让孙海欣慰的是，一系列努力之后，如今喜欢植物的群体确实越来越多了。

清明小长假刚过，"植物控"们又确立了"五一"小长假的探访之行。留住珍稀植物的传奇，他们一直在路上。

（本文原载于2018年4月9日《华西都市报》

封面新闻记者：秦怡）